紅葉・180×360㎝（参考作品）

長崎の風景・180×90㎝ (参考作品)

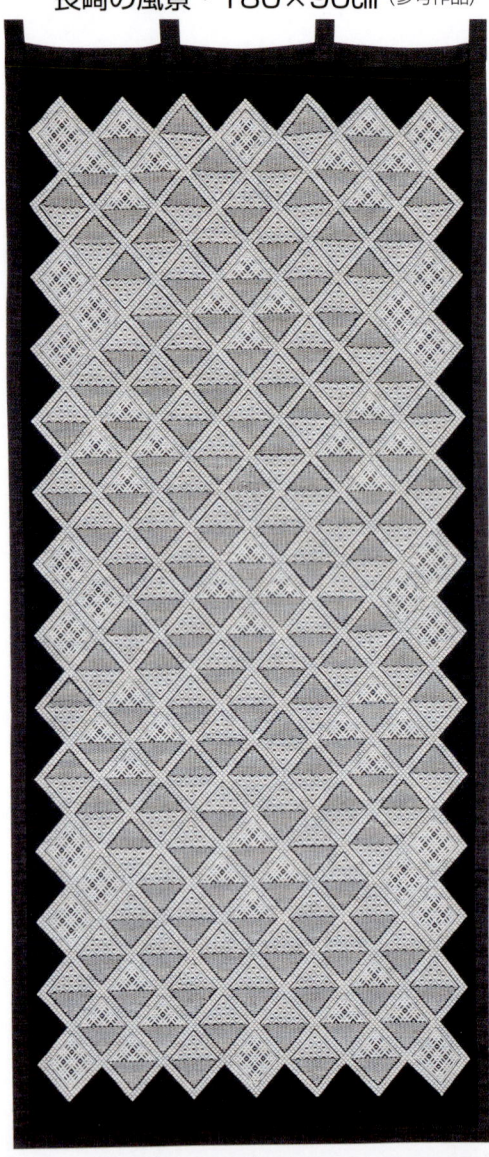

タペストリー・110×84㎝ (参考作品)

彩り・180×360㎝ (参考作品)

伝統のこぎん刺し

こぎん刺し図案集
165パターン

はじめに

　こぎん刺しは津軽地方に古くから伝わる伝統的な手仕事です。

　津軽藩政時代からの過酷な封建制に対し、農民にとって「こぎん刺し」は、そんな状況の中で美を求めてやまなかった女性たちの、心のよりどころであったのだろうと思います。

　現在は海外でも高い評価があり、日本でもかなりの愛好家（刺し手）が増えてきている現状です。

　この度、本書を出版するにあたって、私は古くから伝わるこぎん刺しの「基礎模様」をいろいろと調べてみましたが、今となっては余りにも資料不足となっています。

　その中でも、約四百年前から伝えられている古い模様や現在の新しい模様、そして幾何学的な模様など、伝統柄や創作柄を取り混ぜ、一冊の「図案集」にまとめてみました。

　また本書の所々に、広重の「雪の深川」や北斎の富嶽三十六景「凱風快晴」、季節的な「お雛様」、「クリスマスツリー」、「サンタクロース」などこぎん刺しとしても面白い具象の作品を掲載してあります。

　愛好家の皆様には、ここに掲載の図案を駆使して、より素晴らしい、新しい作品ができ上がることを願っております。

　この度、多くの方々にご協力を賜りましたことを深く感謝いたします。

高木裕子

目次

紅葉（カラー）‥1
長崎の風景・タペストリー・彩り（カラー）‥2
はじめに‥3
目次‥4
こぎん刺しの基礎・糸と針の話し‥5
001タペストリー‥6,7
002タペストリー‥8,9
003‥10
004タペストリー華‥11
005タペストリー流れ‥12
切り嵌め/006・007・008フクベの糸入
・009・010‥13
熨斗1/011・012矢の羽刺し・013‥14
熨斗2/014サヤ型・015テコナ（糸入）‥15
016タペストリー‥16,17
017のれん‥18
018止まらず・019止まらずの応用‥19
020・021井げた‥20
022馬のクツワ筋入りの応用
・023馬のクツワの連続‥21
024・025テコナ‥22
026テコナ・027糸入四ッ花コ‥23
028糸入四ッ花コ・029虫食いの応用‥24
030虫食い・031胡桃のカラの応用‥25
032ダンブリコ・033‥26
034・035‥27
036・037‥28
038ウロコワク付きの応用
・039そろばんの応用‥29
040・041‥30
042・043/そろばんの応用・鯉‥31
044そろばん刺し・045そろばん‥32
046・047/そろばん・富嶽三十六景‥33
048・こぎん刺しの歴史‥34
049・050四ッコゴリ‥35
051四ッコゴリ・052花コつなぎの応用‥36
053・054‥37
055矢の羽刺しワク付き‥38
056・お雛様‥39
057豆コ花重ね・058猫の足‥40
059フクベの糸柱・060フクベ‥41
061猫のマナグの応用・062猫のマナグ‥42
063サヤ型・064サヤ型（三本柱）‥43
065サヤ型ナガレの応用
・066サヤ型ワク付き応用・赤い電車‥44
067‥45

068・069/いなずまの応用‥46
070・071‥47
072・073松川菱‥48
074・075・ブランコわぁーい‥49
076・077・ウサギのお月見‥50
078・079‥51
080・081‥52
082・タペストリーモザイク‥53
083‥54
084‥55
085‥56
086‥57
087‥58
088‥59
089‥60
090竹の節応用・091・092・093‥61
094カチャラズ・095‥62
096花コ・097‥63
098‥64
099‥65
100杉綾の応用‥66
101杉綾の応用‥67
102・103‥68
104・105‥69
106・107‥70
108・109豆コ花重ね応用‥71
110柱入の矢の羽刺し・111四枚菱‥72
112柱入り馬のクツワ豆コツナギ
・113・雪の深川‥73
114・115総模様・116総模様カチャラズ‥74
117・118/竹の節・119‥75
120・121‥76
122・123・124‥77
125・126/竹の節‥78
127そろばん刺し・128‥79
129・130・131・132・133/総模様‥80
134・135・136・サンタクロース
・クリスマスファンタジー‥81
137・138・139/竹の節‥82
140・141・142‥83
143・144・145・146/竹の節‥84
147・148・149・150・151/竹の節‥85
152・153・154/竹の節の応用・155‥86
156・157‥87
158・159・160・161‥88
162・163・164・165‥89
著者紹介・制作協力‥90

こぎん刺しの基礎

材料と用具

◆布
コングレスクロス・・・木綿平織地で、こぎん刺しに最適な布です。
ミニコングレスクロス・・・コングレスクロスよりもやや細い糸で細かく織られています。
麻平織地・・・帯幅と呼ばれ、帯やタペストリーに使います。
ファンシーヘッシャン・・・麻平織地で、太めの糸で粗目に織られ、タペストリーなどに使います。

ベンガルクロス・・・太めの麻糸で縦横2本どりの糸で織られています。マットなどに適しています。
ウール平織地・・・ベストなど衣類に適し、刺し糸は毛糸、野蚕糸で刺します。

◆糸
こぎん生成糸・・・こぎん刺し用として市販されている木綿の甘撚りの糸で、6本撚り、8本撚り、12本撚りがあり、布の種類に応じて使い分けます。
こぎん色糸・・・市販の木綿の色糸で、8本撚り、12本撚りがあります。
こぎん染糸・・・こぎん生成糸や織用の結束糸を特注で染めたものです。8本撚り、12本撚りがあります。
毛糸・・・ウール平織地に刺します。
野蚕糸・・・野生の蚕から作られた絹糸です。

◆針
こぎん針・・・専用のこぎん針を使います。
こぎん針（太番手用）・・・ベンガルクロスなどに太めの糸で刺すときに使います。

◆その他の用具
2ミリ方眼紙・・・図案を創作する場合や、図案の続きが分かりにくいとき、書き加える場合に便利です。
マグネットマーカー・・・メタルプレートの上に図案を置いて、刺している段にマグネットを合わせ、図案を確認しながら刺していきます。
指ぬき・しつけ糸・定規・ハサミ（大・小）・接着芯・裏布

図案の見方と配置の仕方

◆図案の見方
① 方眼1目を横糸1本、縦糸1本に数えます。
② 図案中で、横の太い線は布の表に刺した糸が渡る目数です。線が書かれていない部分は、方眼の数だけ刺した糸が布の裏側を渡ります。
③**図案が半分しかない場合**　図案が左右対称の場合は縦中心を決め、一方の側を刺し、次に反対に向かって図案を追っていきます。また、図案が1/4しかない場合でも考え方は同じで、縦中心線から反対に見て、半分刺し終わったところで、横中心線から反対に半分を見ます。
④**総模様の場合**　1模様がどこから始まり、どこで終わるかを見極め、入れる模様数だけ繰り返し、終わりは始まりと同じようになるようにします。つまり左右・上下対称に模様を配置します。

◆配置の仕方
図案の目数と段数を数え、布の中心と図案の中心を合わせ、模様の大きさや配置を確かめてから布を裁ちます。

糸と針の話し

永年、こぎん刺しを続けてきて昨今感じることは、匠の方々（技術者）が高齢化して、糸の染職やこぎん針の作り手がいなくなっていることです。

染め糸も、数が少ないものは自分で染めることもできますが、多量になると業者に依頼することになります。しかし時間的なことや量的なことなど、いろいろと思うようになりません。

また、こぎん針は東京中探しましたが見当たらず、京都ならばと、京都市内を一日中タクシーで探し回りましたが、こぎん針に見合うものはありませんでした。そこで、新たな工場に製造を依頼しましたが、太さと長さはともかく、針先はこぎん針として使えるものではありませんでした。

正直、この時ばかりはこぎん刺しをやめなければならぬと覚悟をしたことも事実です。

しかし、今までの針屋さんがまた製造してくれることになり、現在も、この仕事を続けられる喜びを感じておりますが、これもいつまでのことやら。

こぎん刺しは糸、布、針と三拍子揃って成り立つ、手仕事の技なのです。

001 タペストリー・92×74cm

002 タペストリー・110×74cm

003

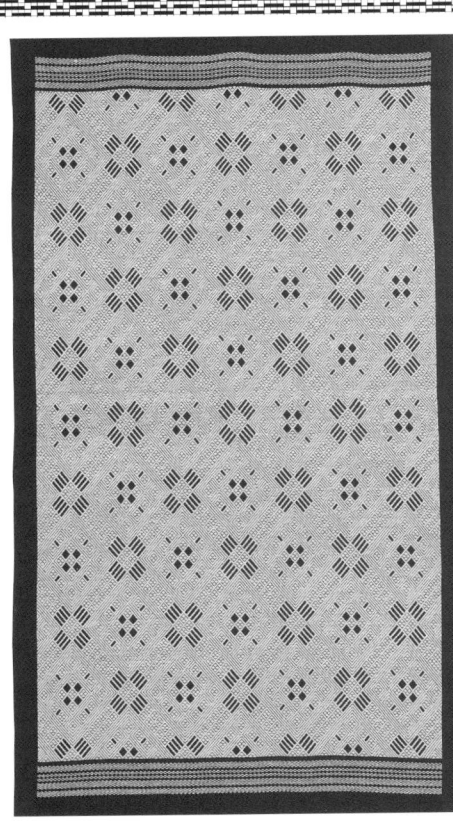
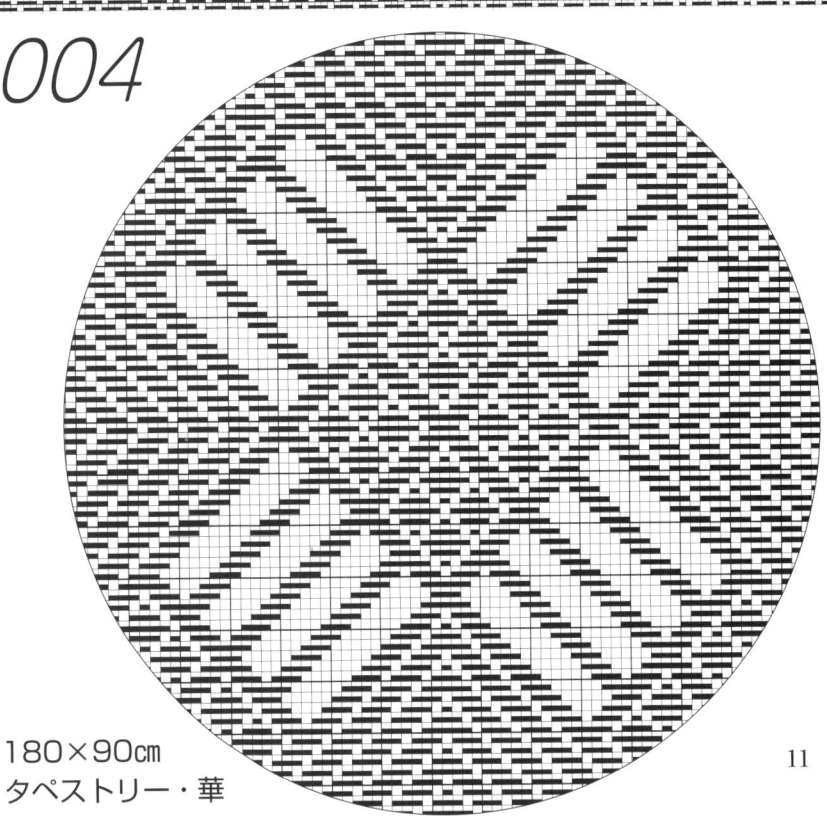

004

180×90cm
タペストリー・華

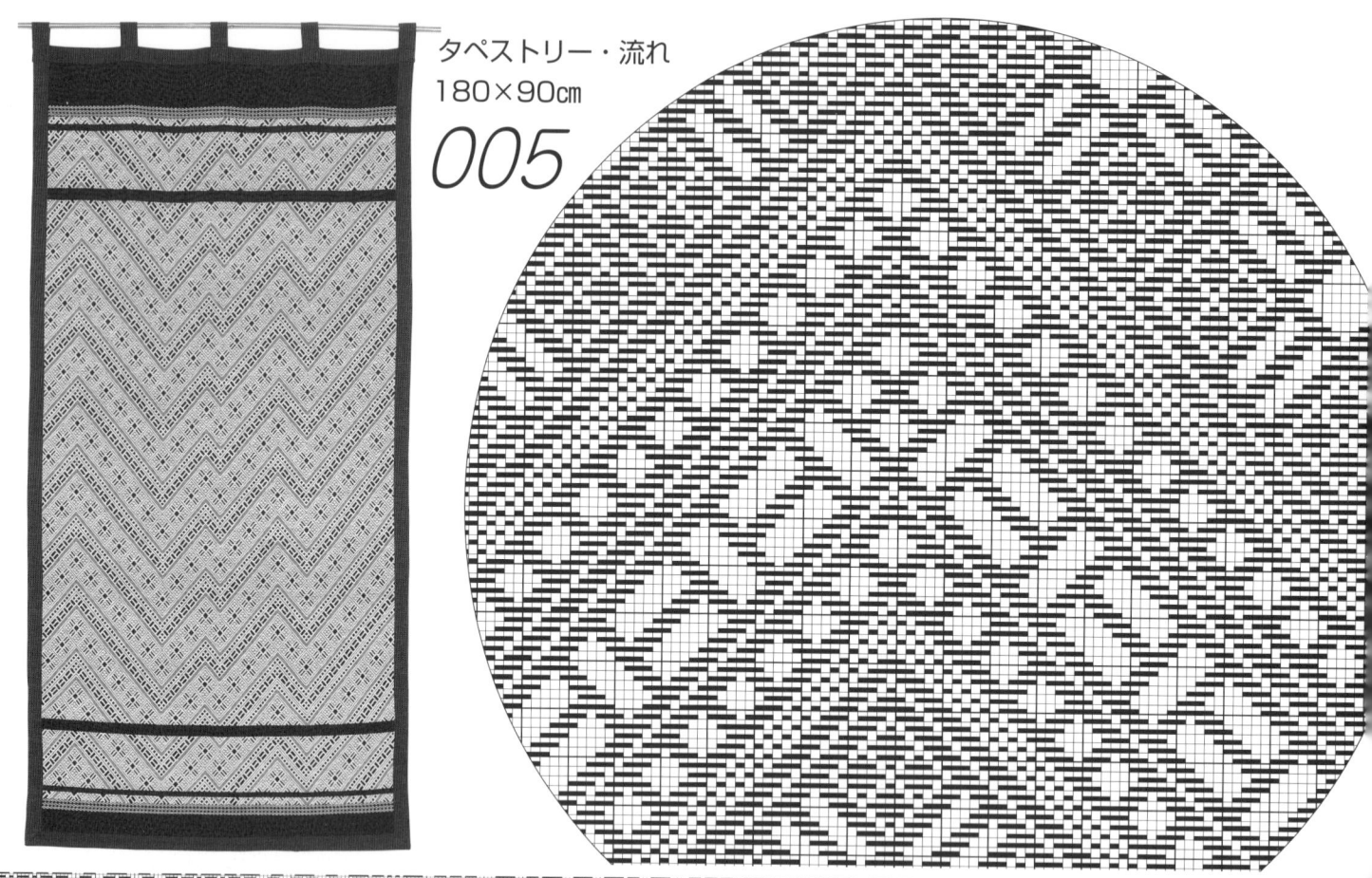

タペストリー・流れ
180×90㎝
005

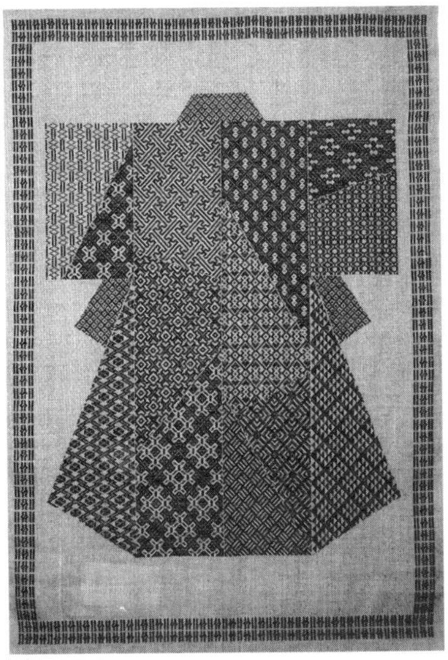

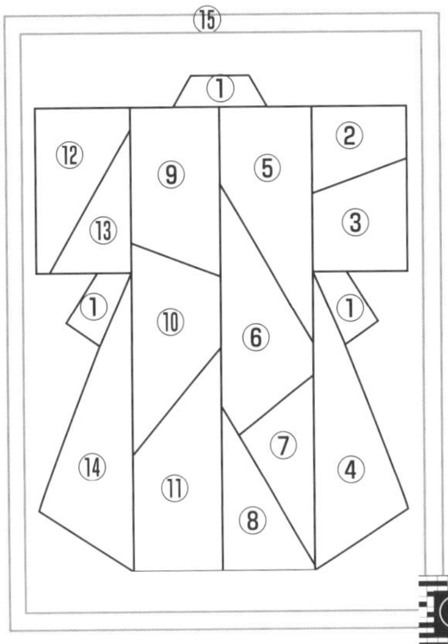

❶ 096/P63
❸ 124/P77
❽ 136/P81
❾ 065/P44
❿ 086/P57
⓫ 028/P24
⓬ 090/P61
⓭ 027/P23
⓮ 073/P48
⓯ 146/P84

切り嵌め タペストリー

180×90㎝

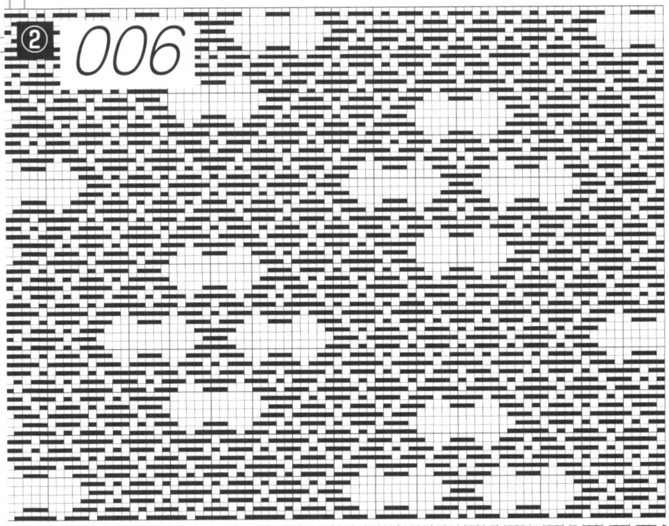
❷ 006

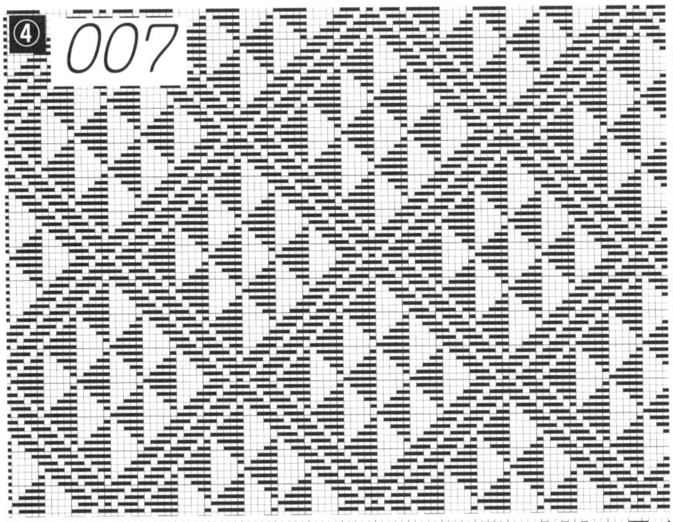
❹ 007

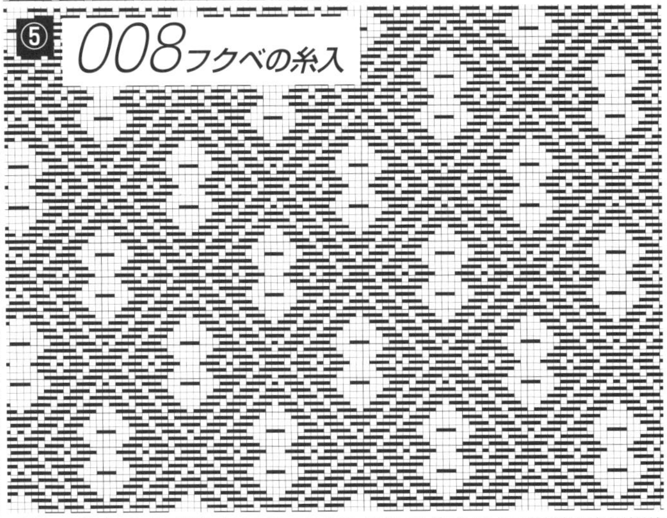
❺ 008フクベの糸入

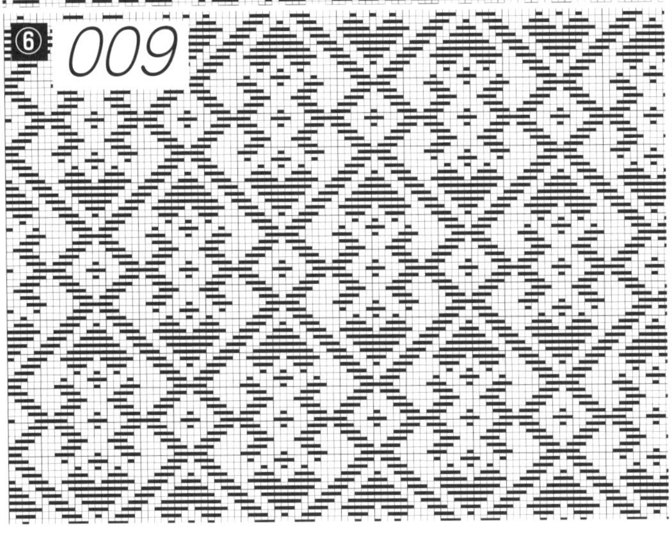
❻ 009

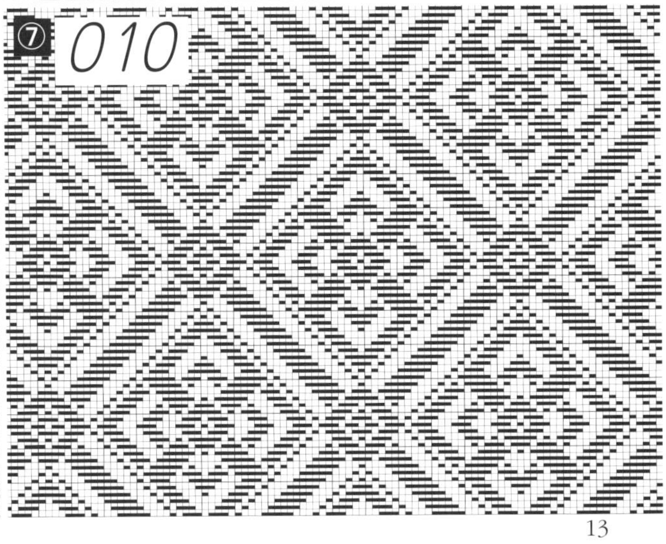
❼ 010

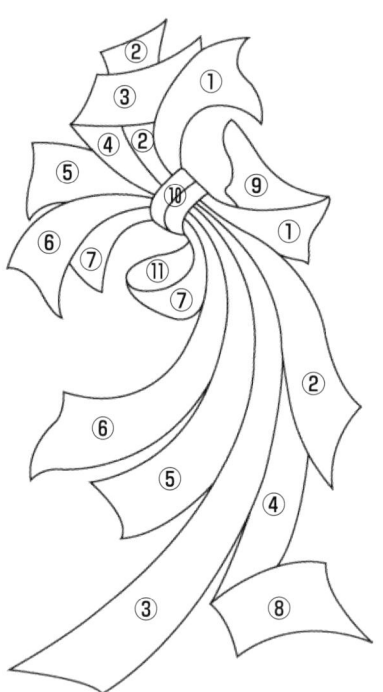

① 015/P15
③ 099/P65
④ 008/P13
⑦ 114/P74
⑧ 091/P61
⑨ 130/P80
⑩ 096/P63
⑪ 115/P74

熨斗1 タペストリー
160×85cm

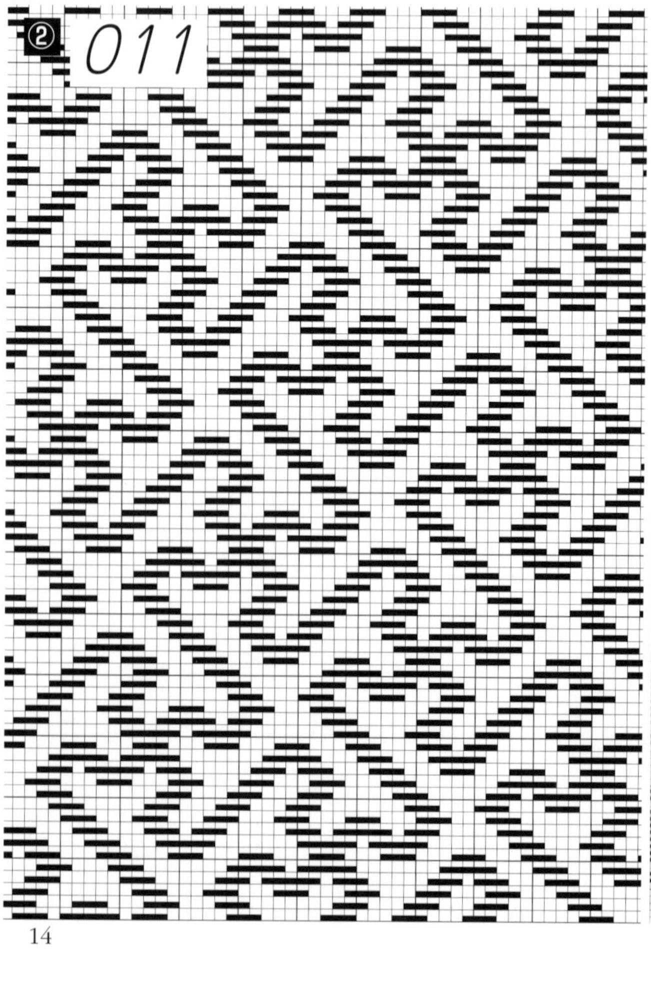

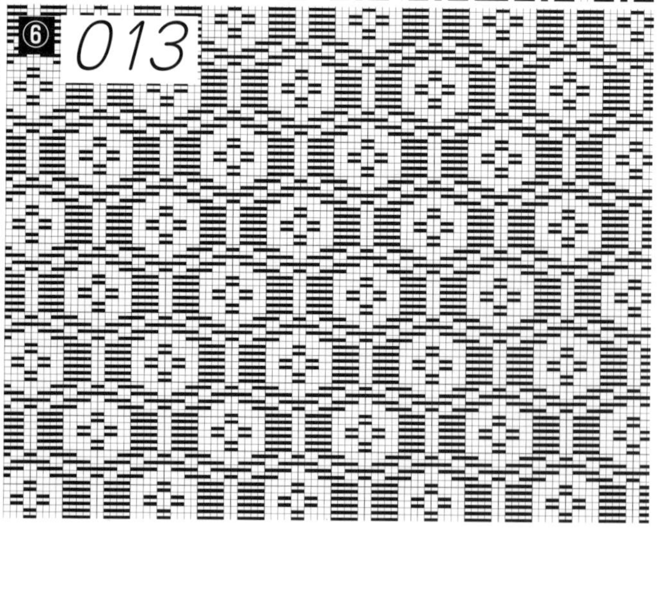

❷ 011

❺ 012 矢の羽刺し

❻ 013

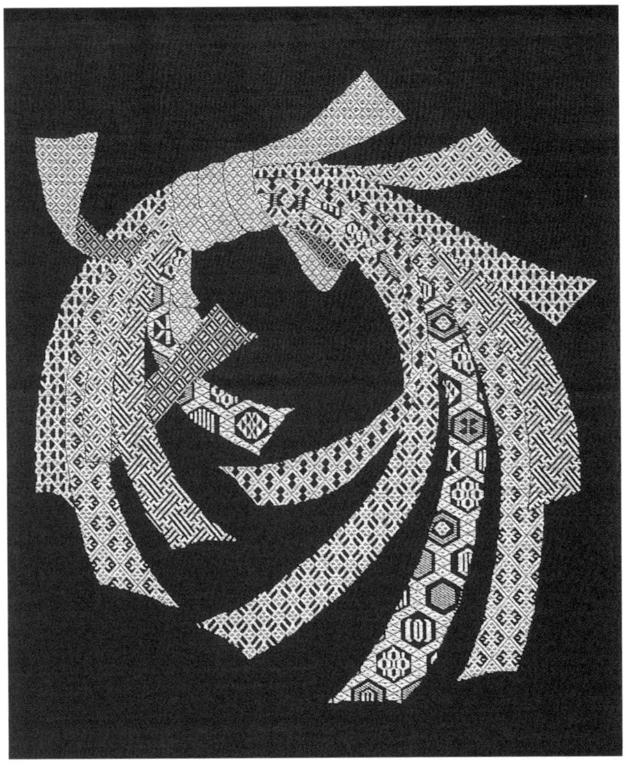

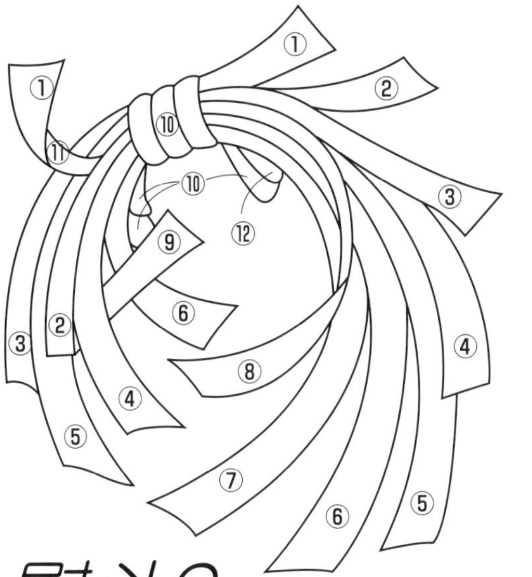

熨斗2 タペストリー

110×84㎝

❶ 130/P80	❽ 060/P41
❷ 133/P80	❾ 116/P74
❸ 052/P36	❿ 096/P63
❻ 099/P65	⓫ 156/P87
❼ 012/P14	⓬ 097/P63

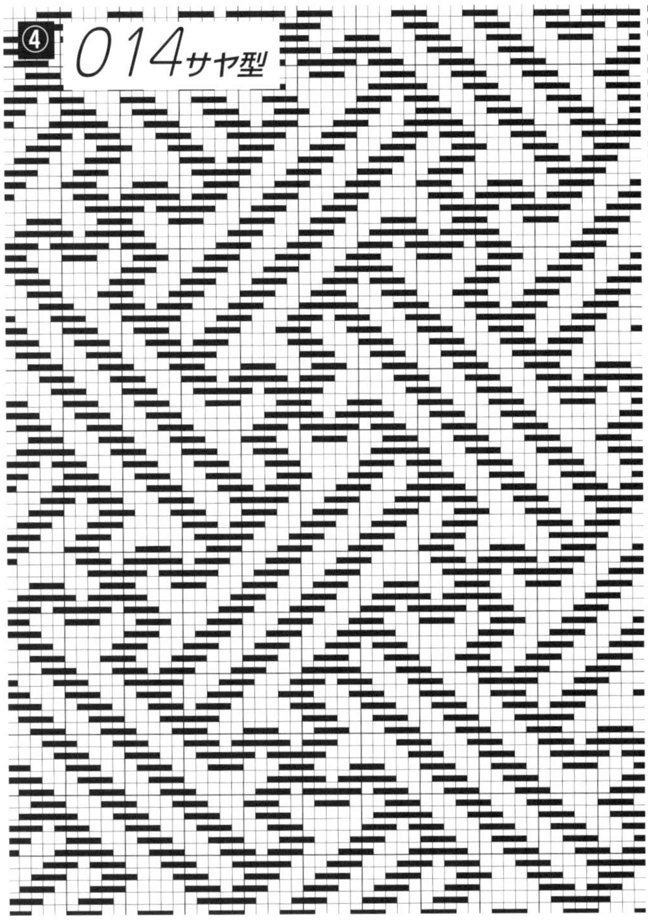

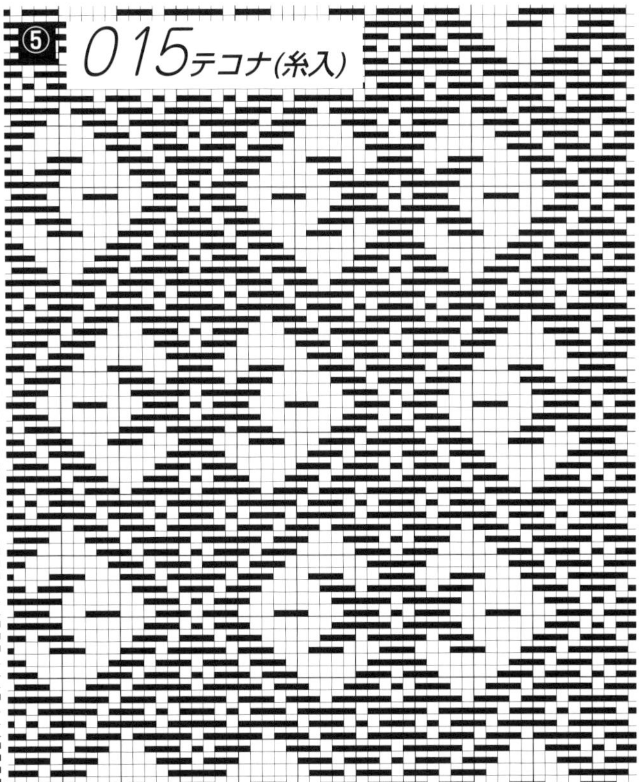

016 タペストリー 120×90cm

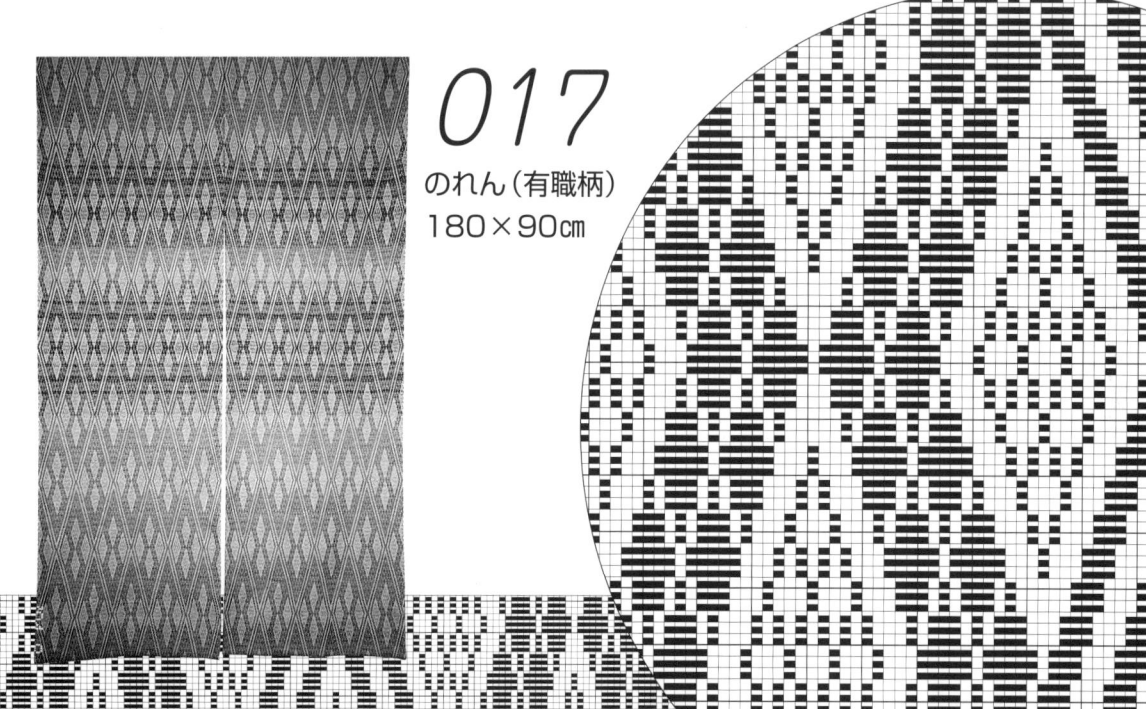

017
のれん（有職柄）
180×90cm

018 止まらず

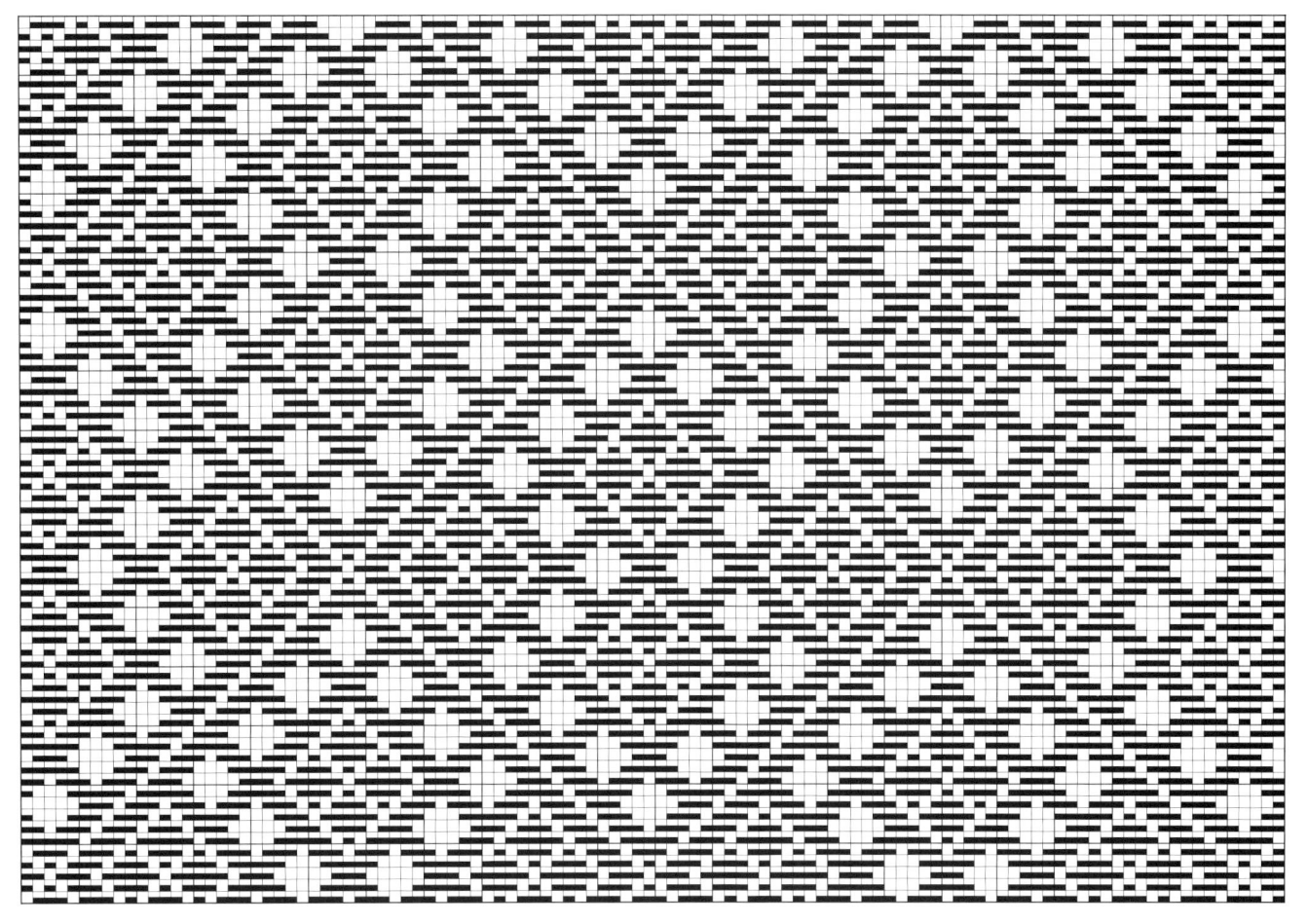

019 止まらずの応用

020

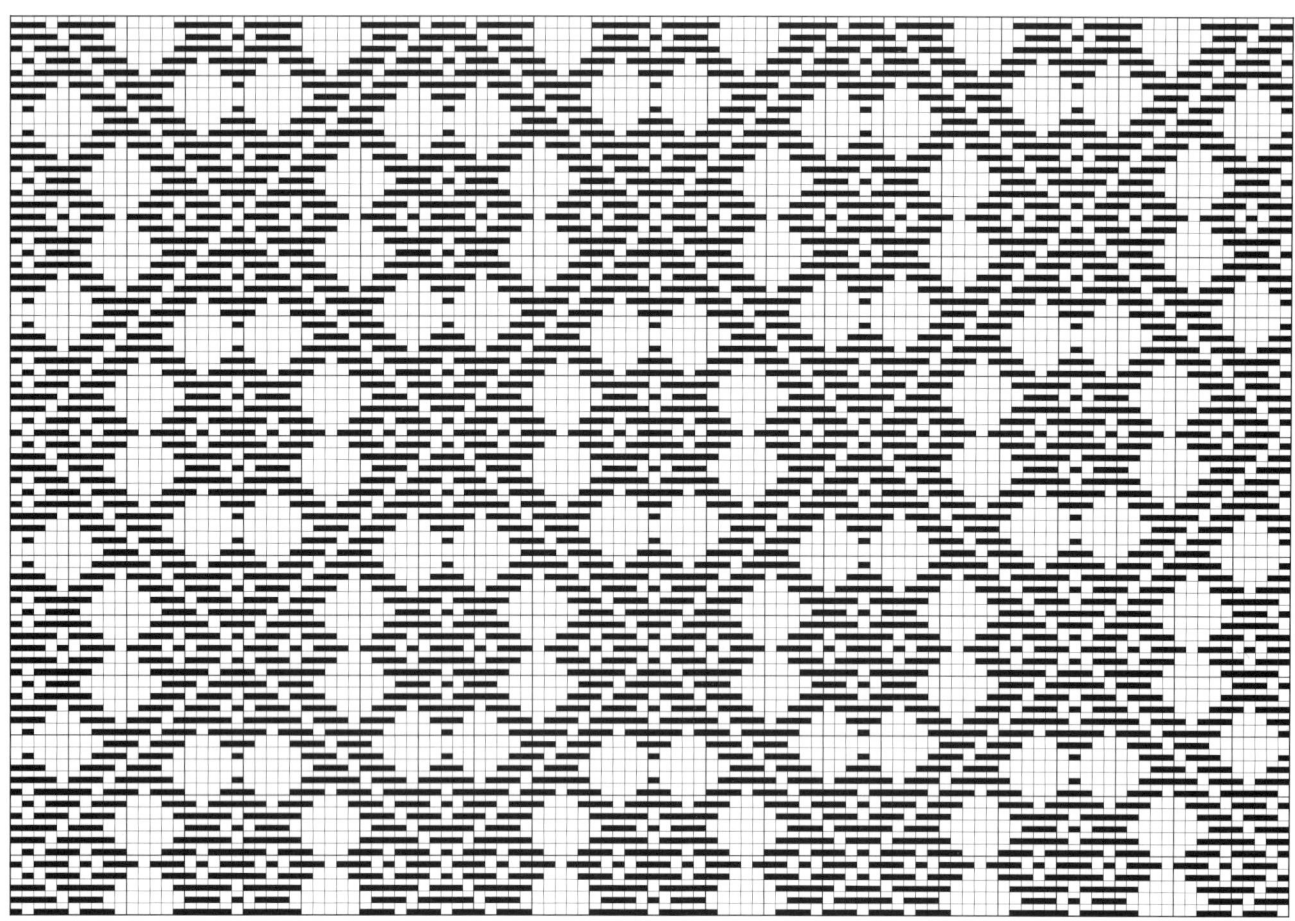

021 井げた

022 馬のクツワ筋入りの応用

023 馬のクツワの連続

024

025 テコナ

026 テコナ

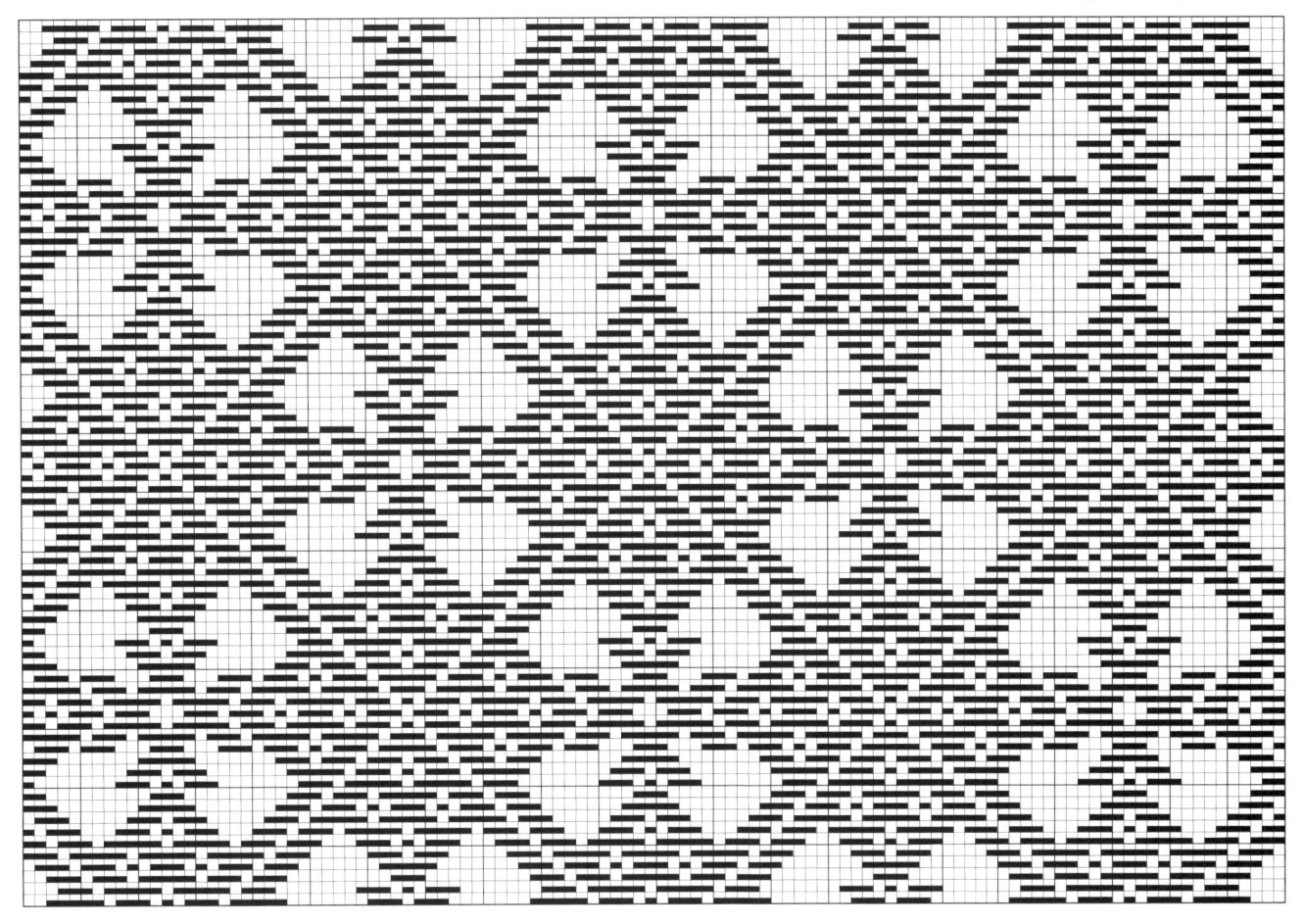

027 糸入四ッ花コ

028 糸入四ッ花コ

029 虫食いの応用

030 虫食い

031 胡桃のカラの応用

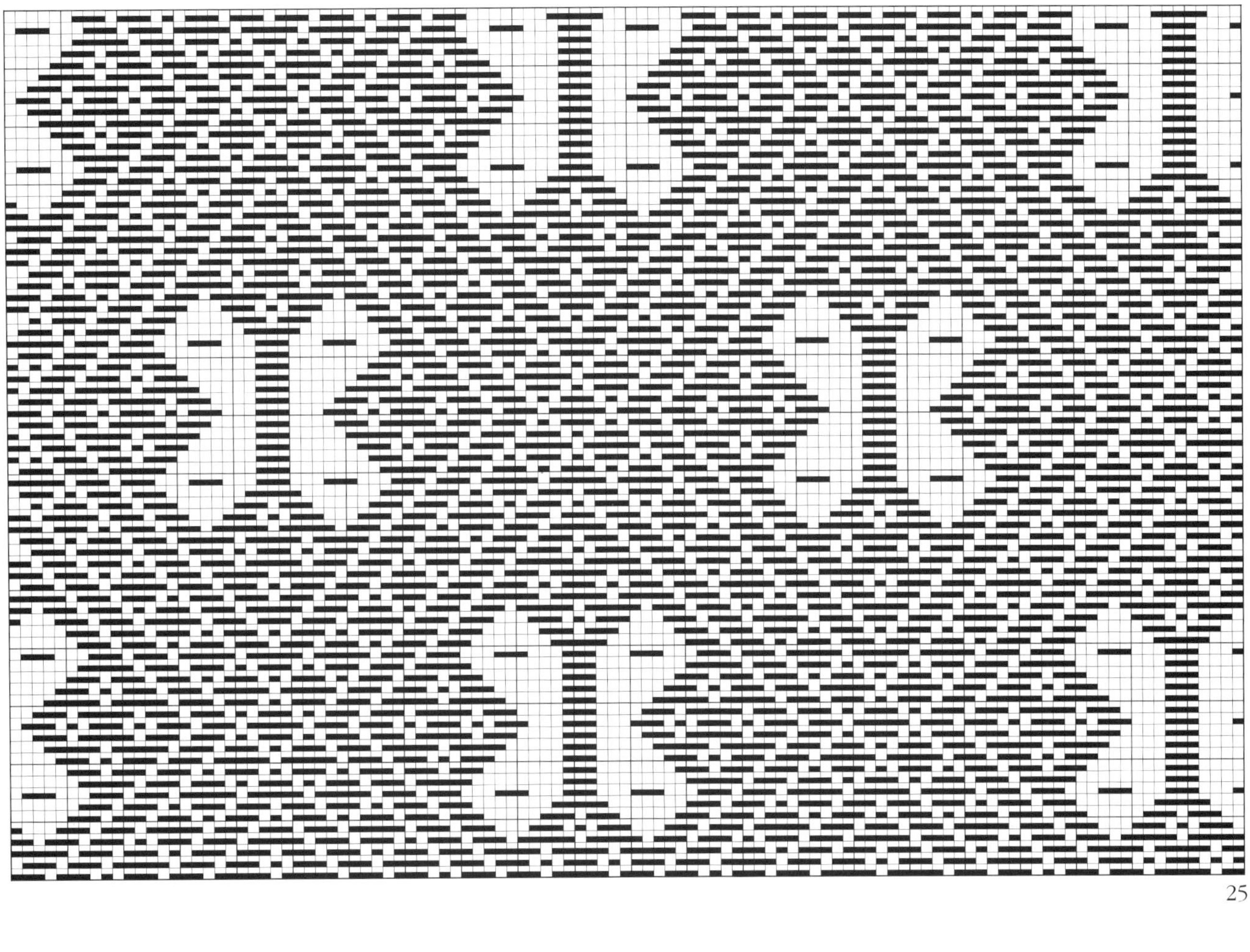

032 ダンブリコ

033

034

035

036

037

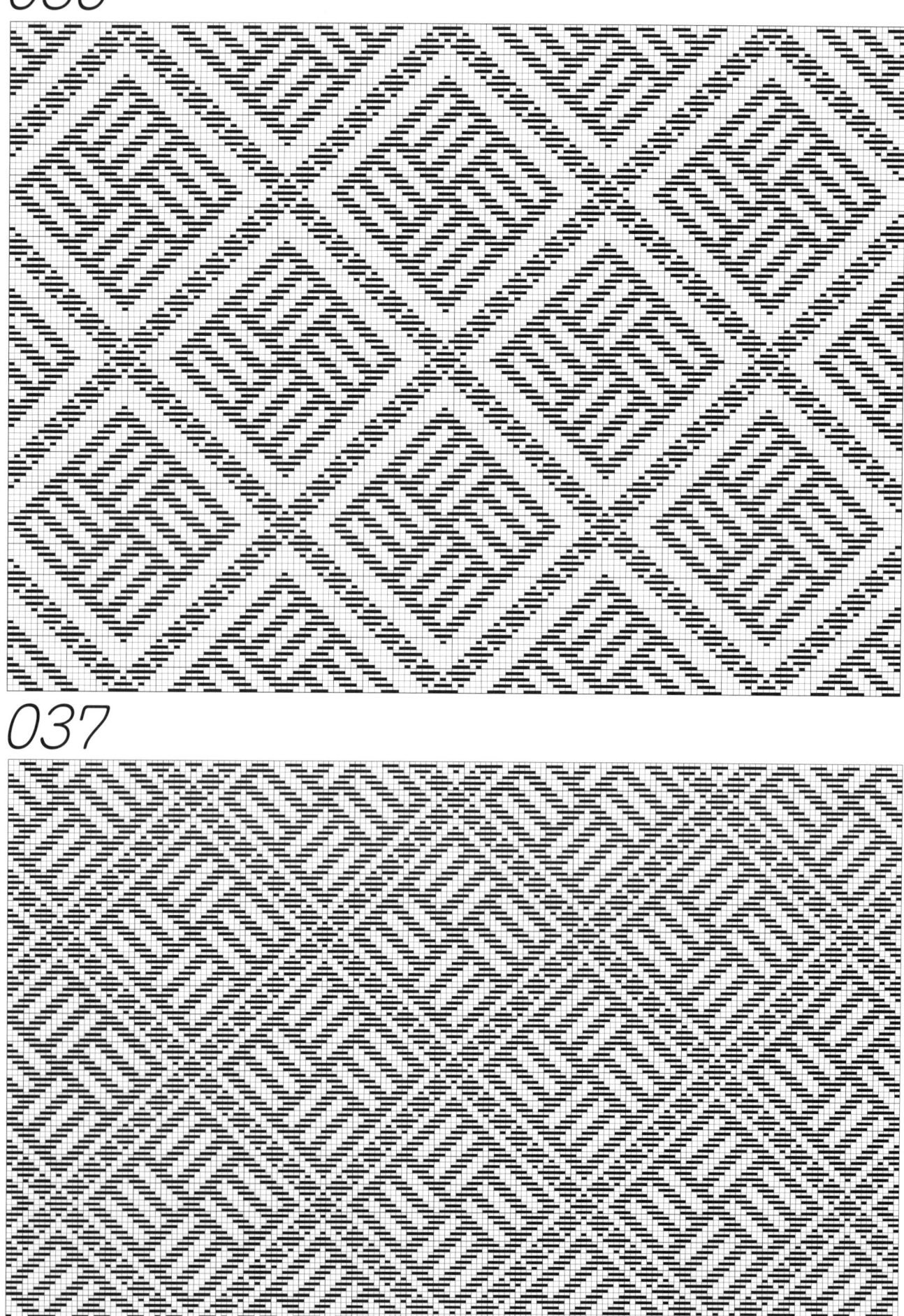

038 ウロコワク付きの応用

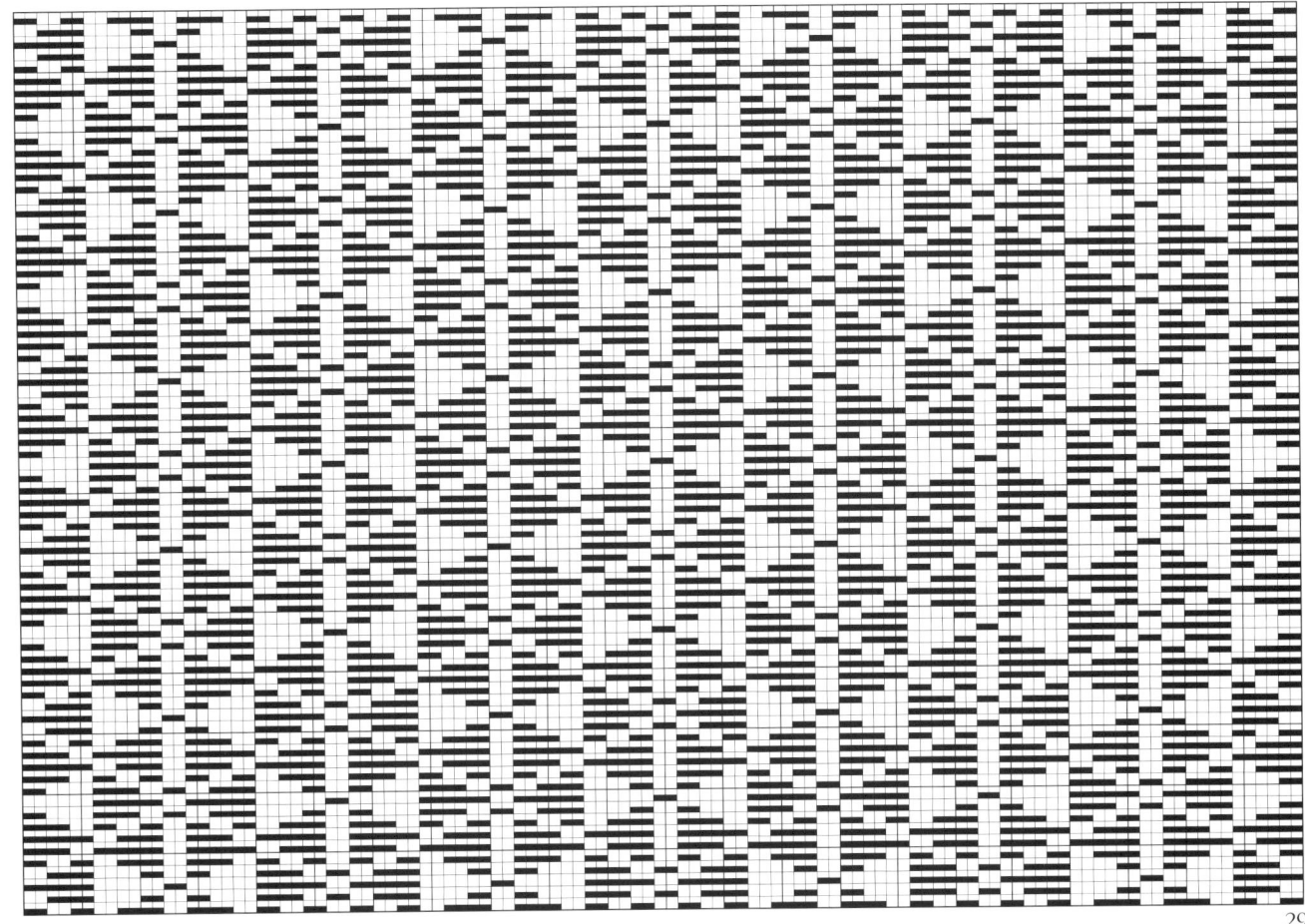

039 そろばんの応用

040 041

042 そろばんの応用

鯉　120×90cm（参考作品）

043 そろばんの応用

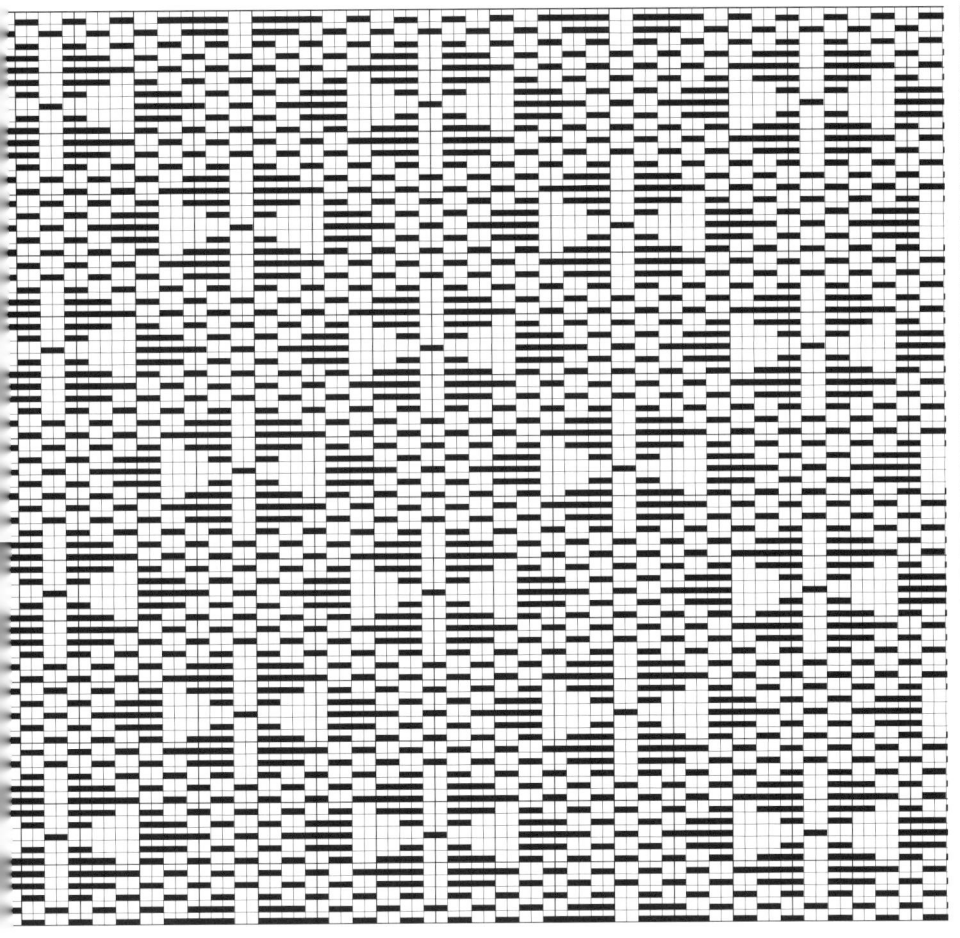

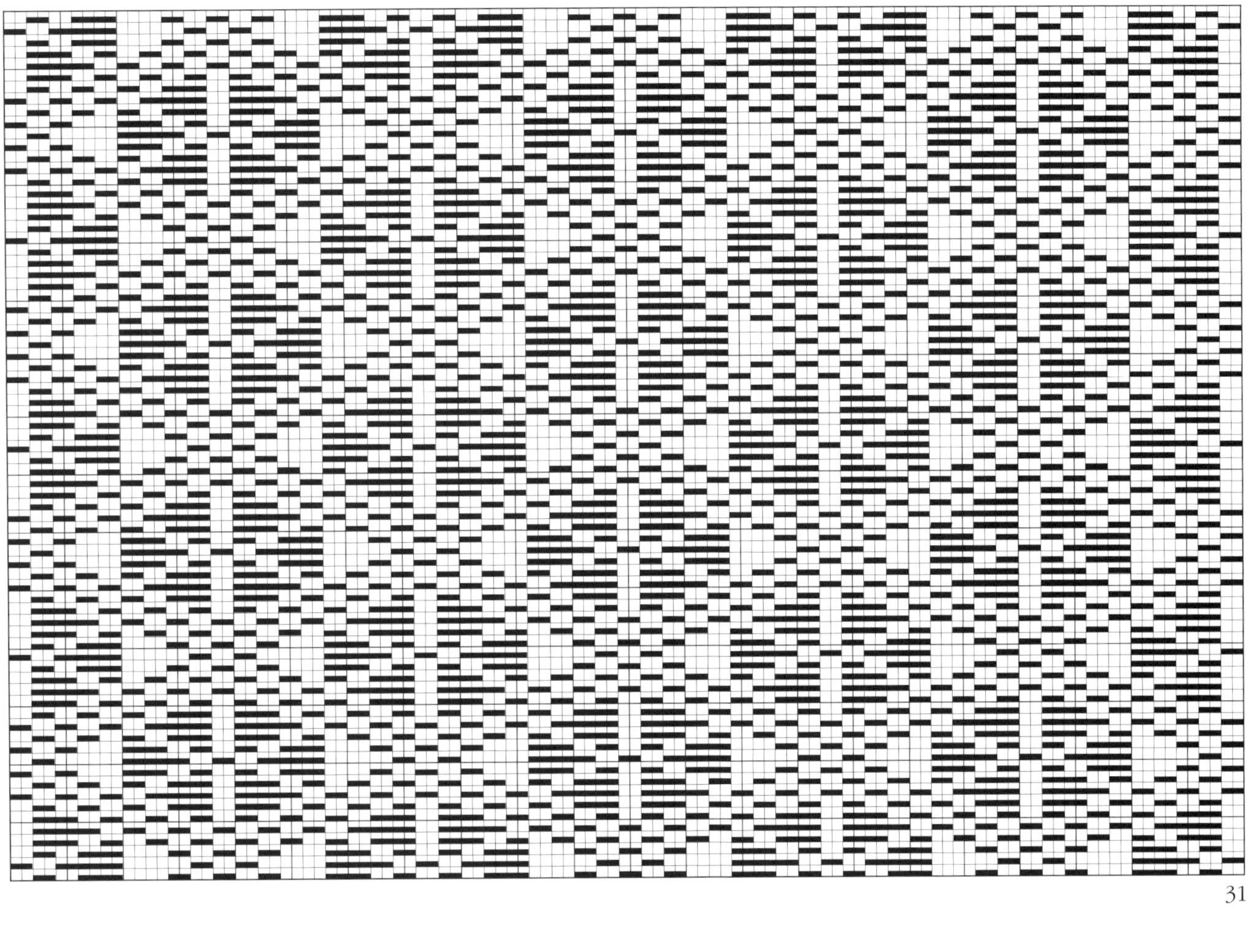

044 そろばん刺し

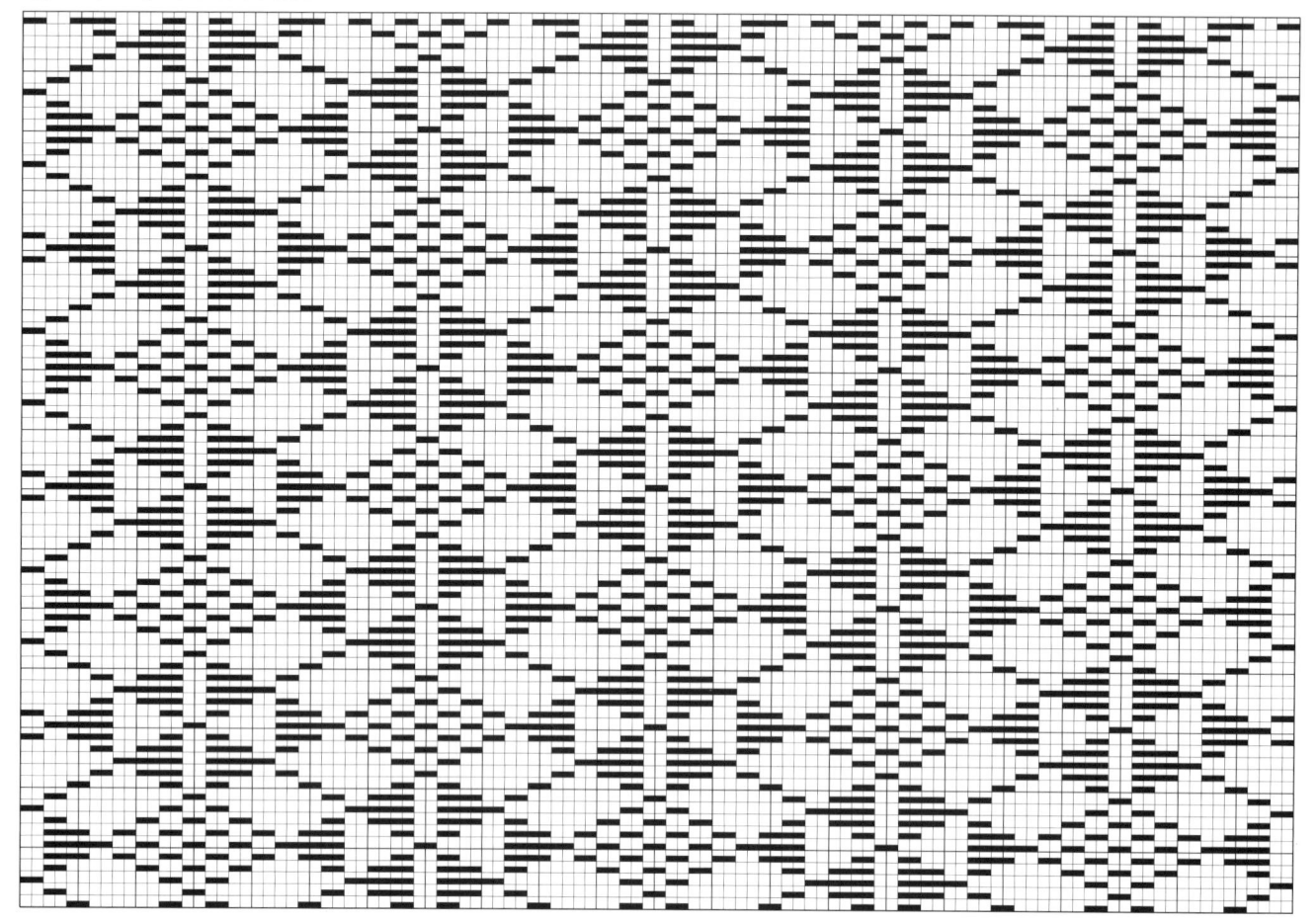

045 そろばん

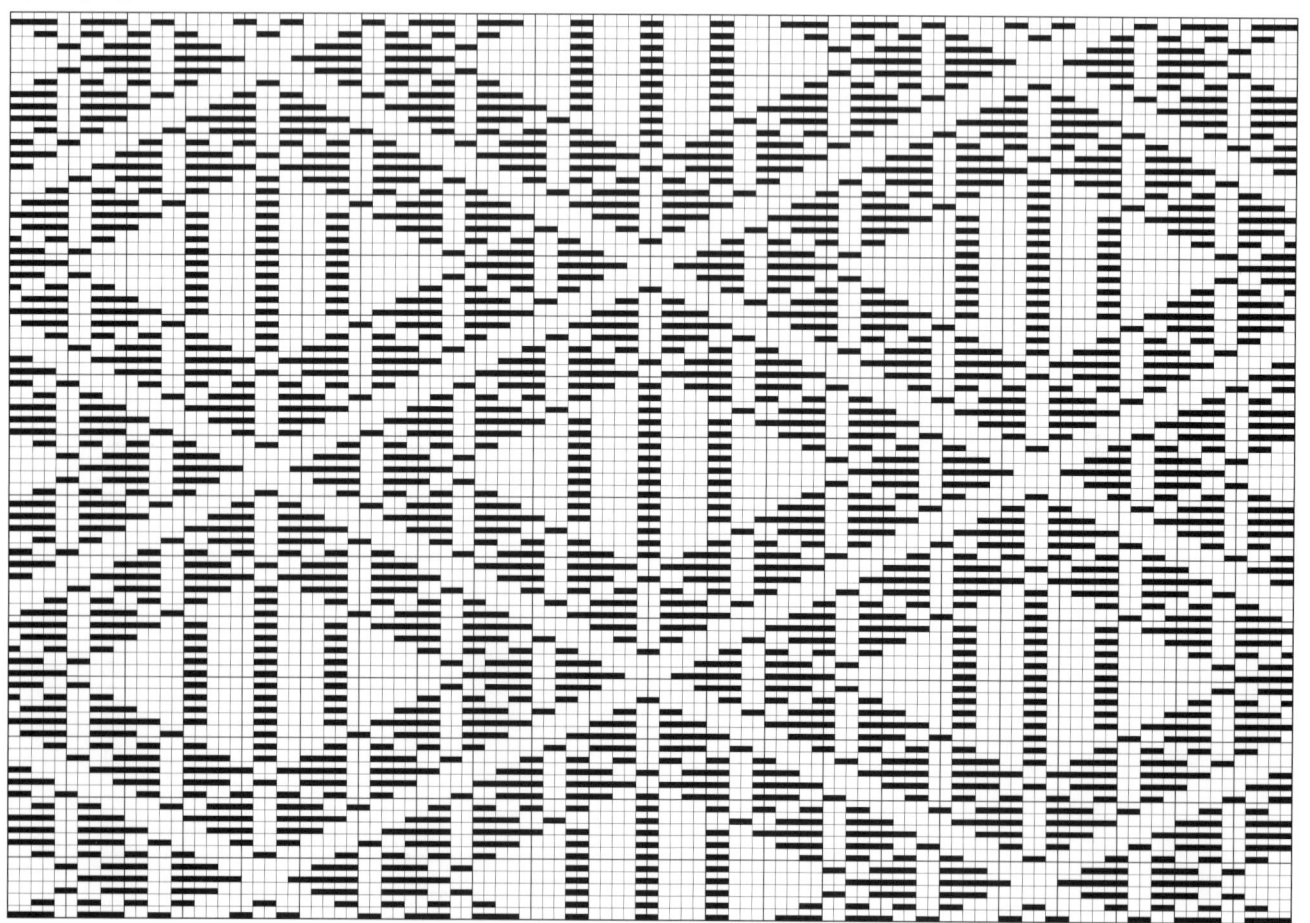

046 そろばん

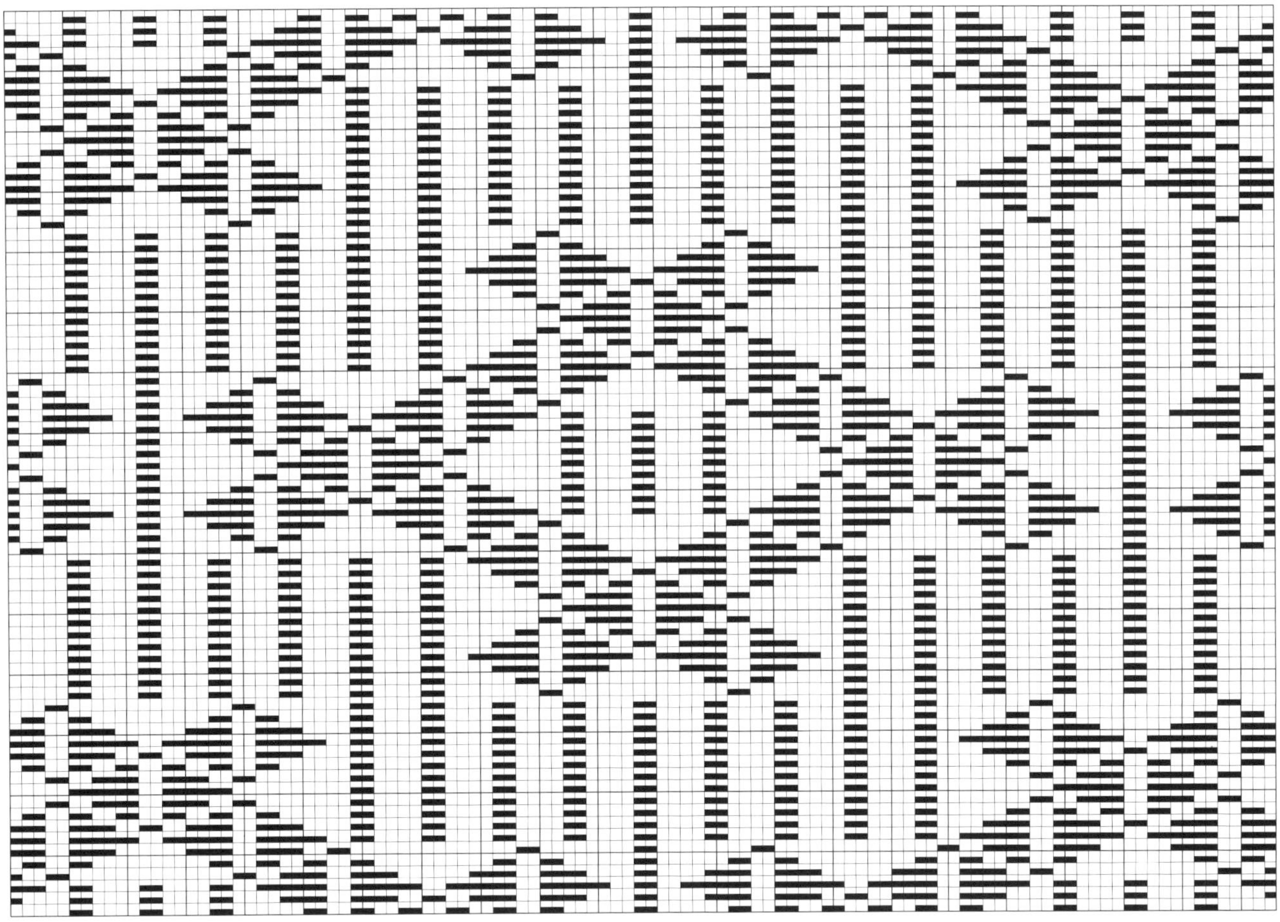

047 そろばん

富嶽三十六景「凱風快晴」
70×45㎝ (参考作品)

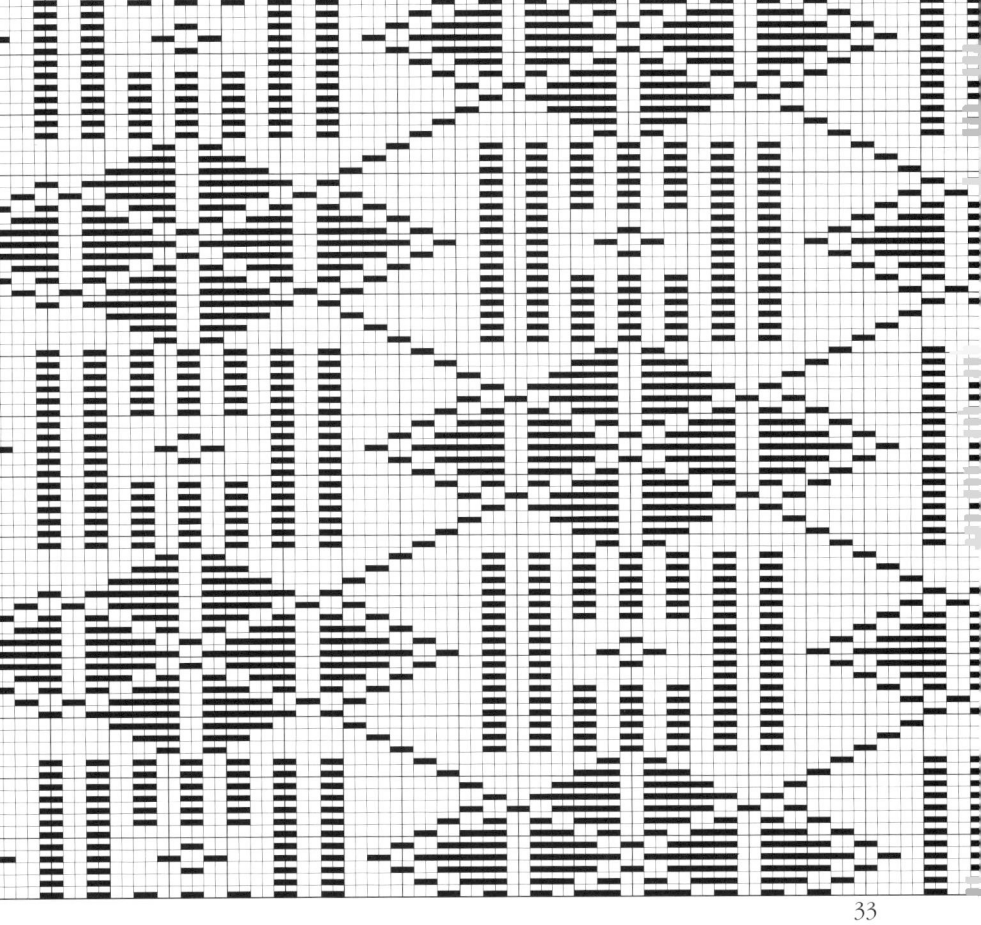

048

こぎん刺しの歴史

青森の津軽地方に伝わる伝統的な刺し子である。

享保九年(1724年)「農家倹約分限令」による農民の仕事着に厳しい規制がありました。

木綿は許されなかったので、麻布を重ねていたのであった。冬の寒さを防ぐ保温効果の知恵の結晶である。

こぎん刺しのルートは三つあります。

西の弘前市から中津軽一帯を西こぎんと言い、肩に横縞、背中に「逆さこぶ」の蛇除けの模様を刺して「魔除けこぎん」と呼んでいたそうです。

弘前より東側の南津軽尾上黒石地域で、太めの糸生地に大柄の総刺しが多く、それに縞模様が無く、この地域では「東こぎん」と言っていました。

最後に北津軽金木町辺りで刺されていた、肩から下に太い三本の縞が入り、荷物を背負うときの補強に三本の縞が特徴的です。

「こぎん」とは、小布または、小巾の名前から呼ばれるようになりました。

この青森県の日本伝統文化が、この平成の世に、高木氏が中心となるグループの皆さんの手によって受け継がれているのに、私は心打たれております。

辻村寿三郎

著者制作の半纏を着る辻村寿三郎氏

049

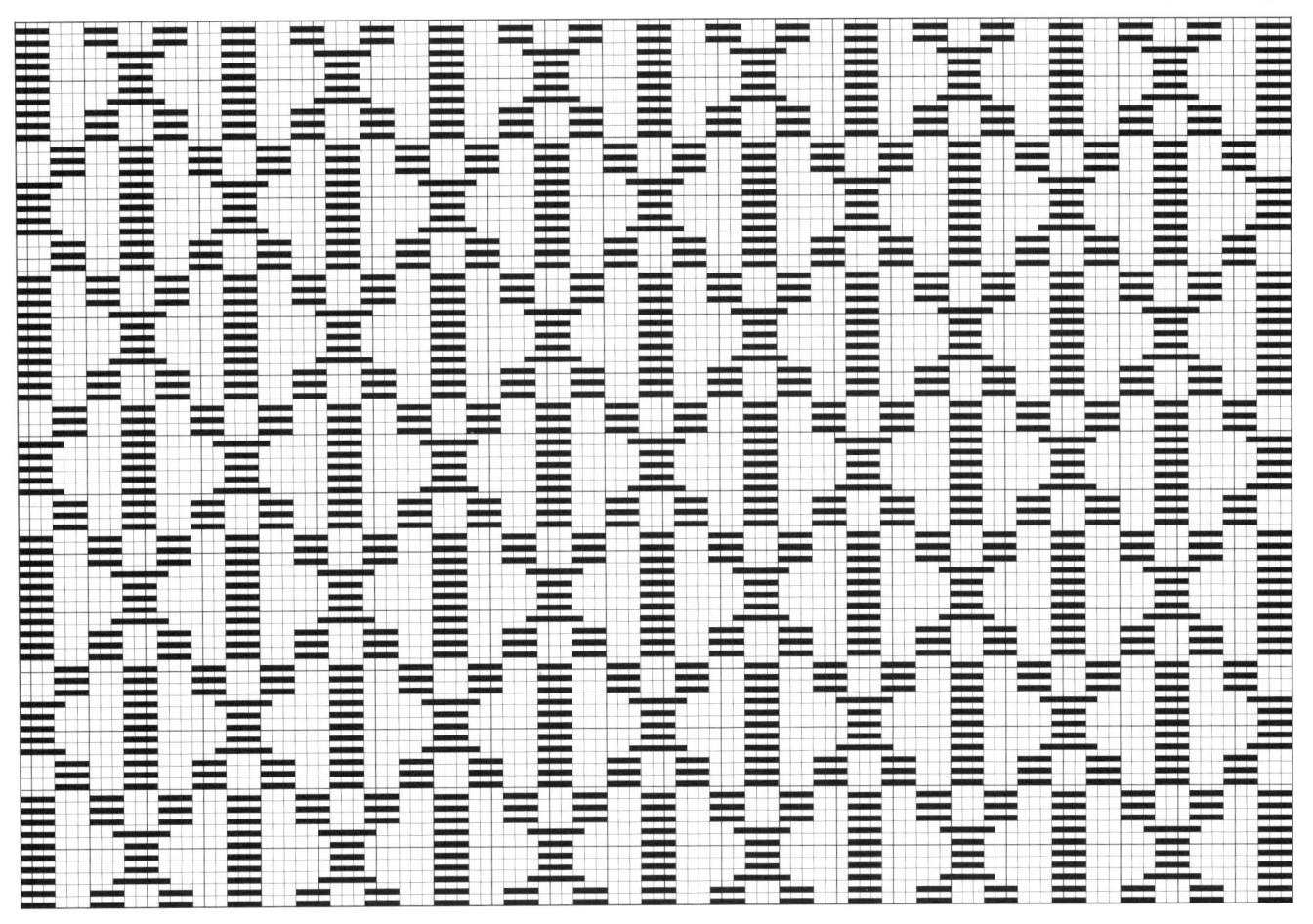

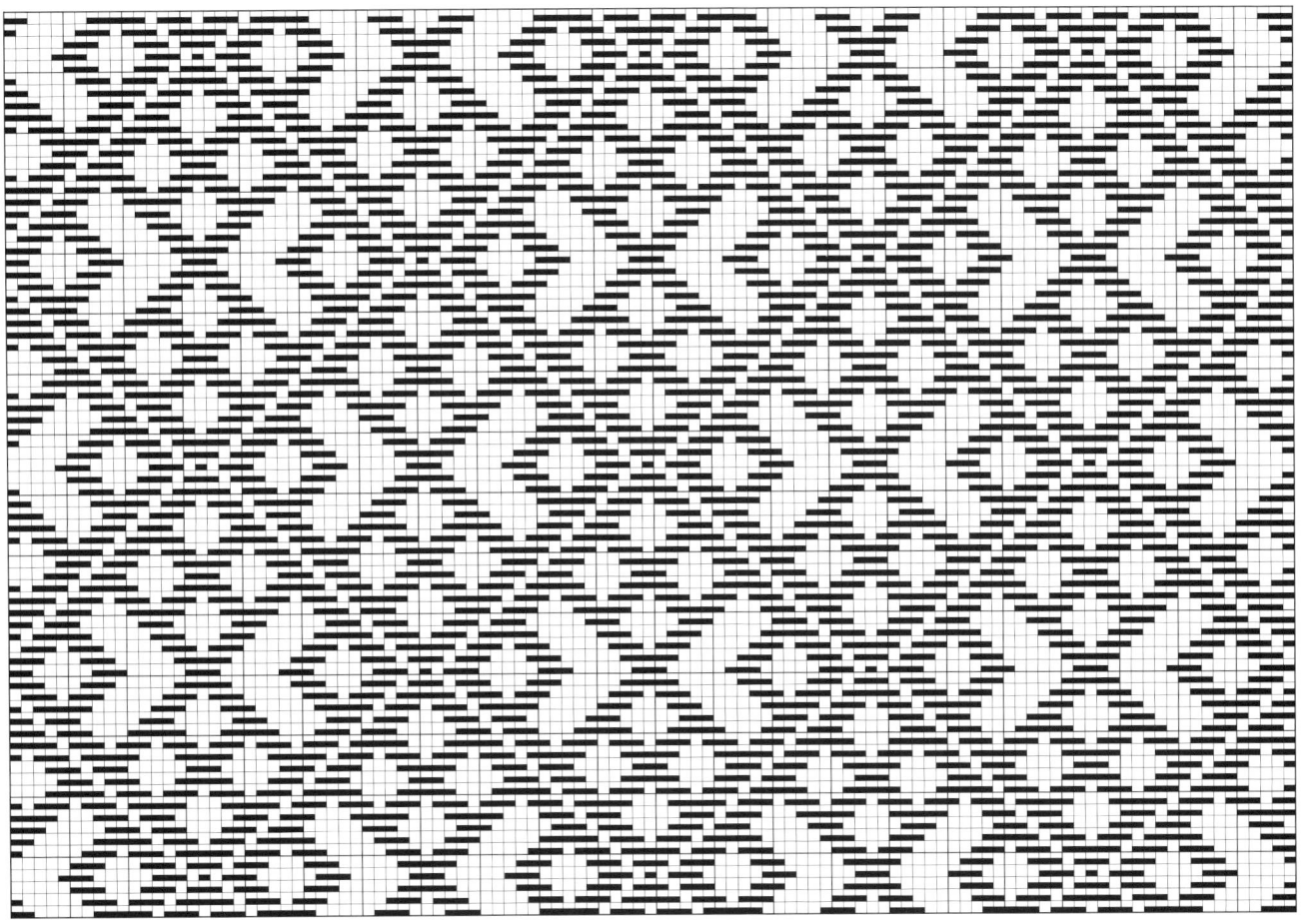

050 四ッコゴリ

051 四ッコゴリ

052 花コつなぎの応用

053

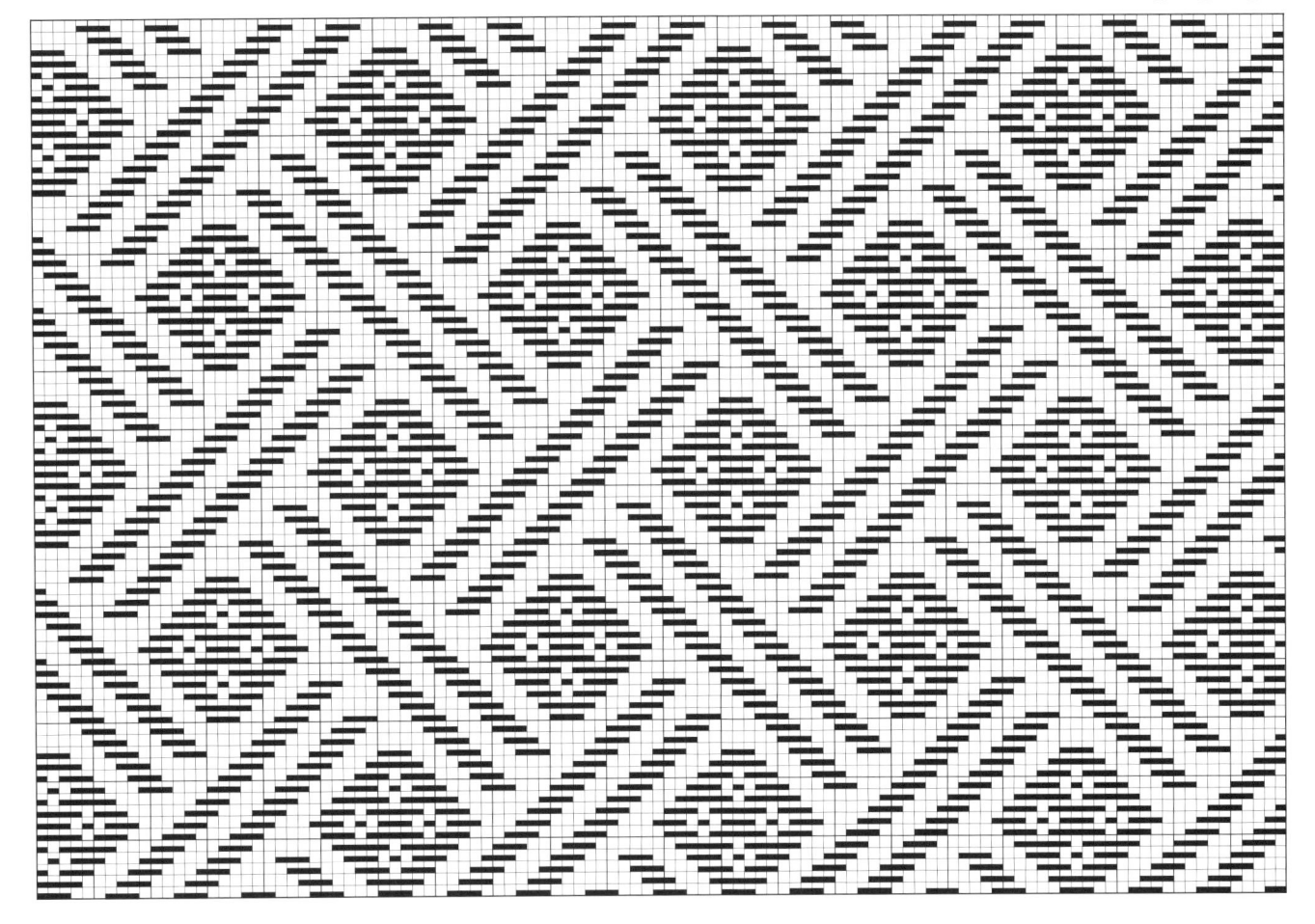

054

055 矢の羽刺しワク付き

056

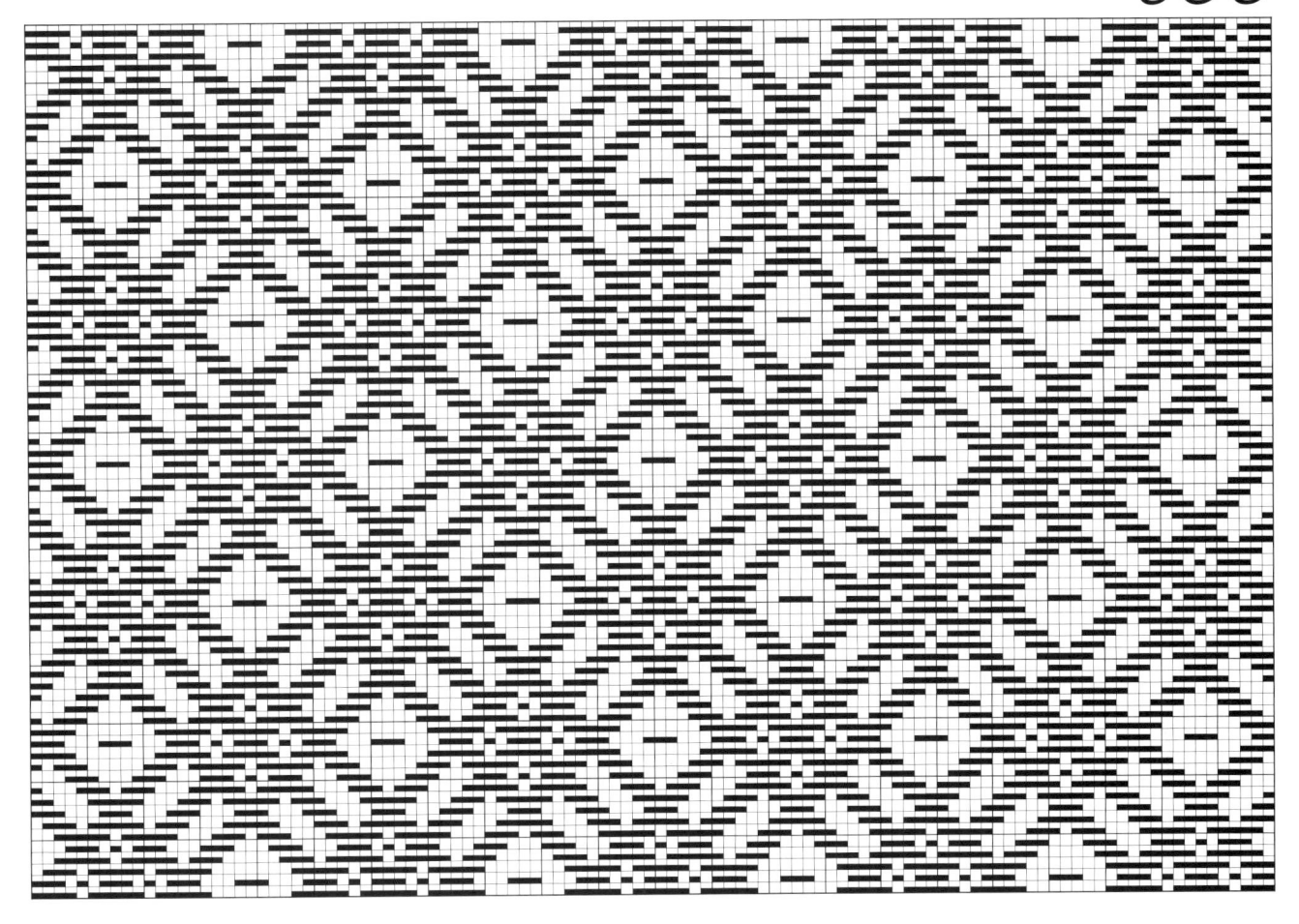

お雛様　70×50cm（参考作品）

著者制作の半纏を着て司会をする
永 六輔氏

057 豆コ花重ね

058 猫の足

059 フクベの糸柱

060 フクベ

061 猫のマナグの応用

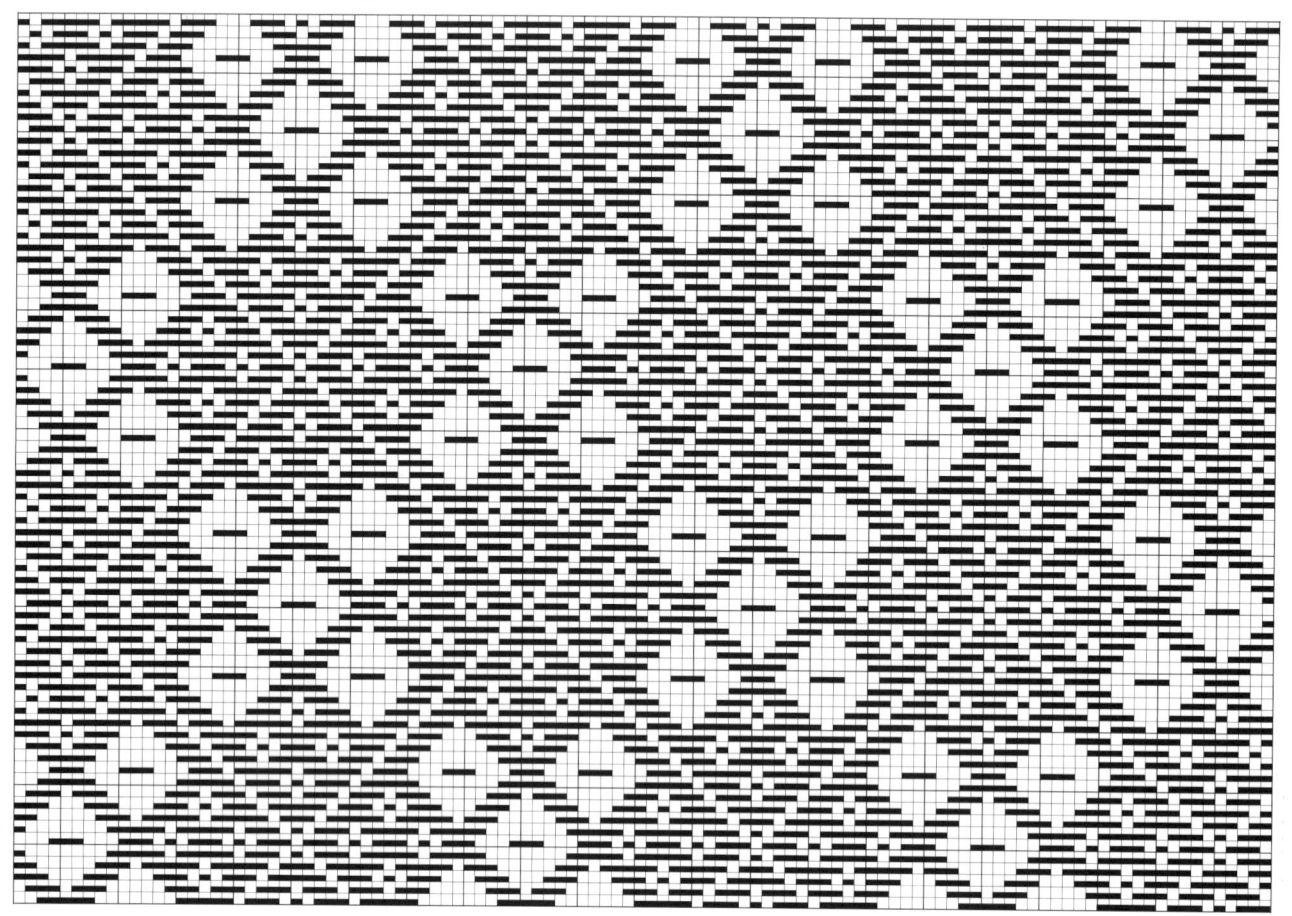

062 猫のマナグ

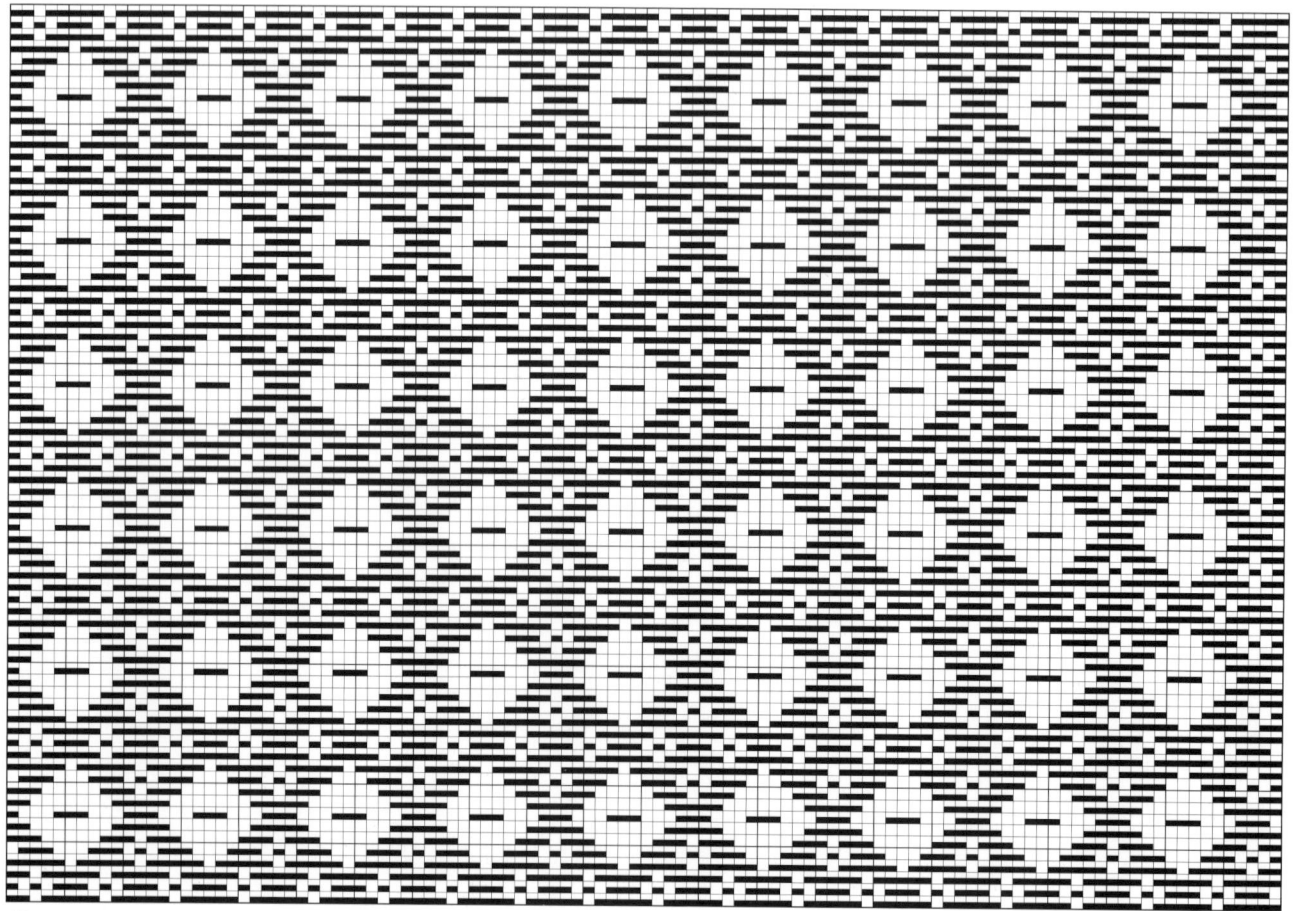

063 サヤ型

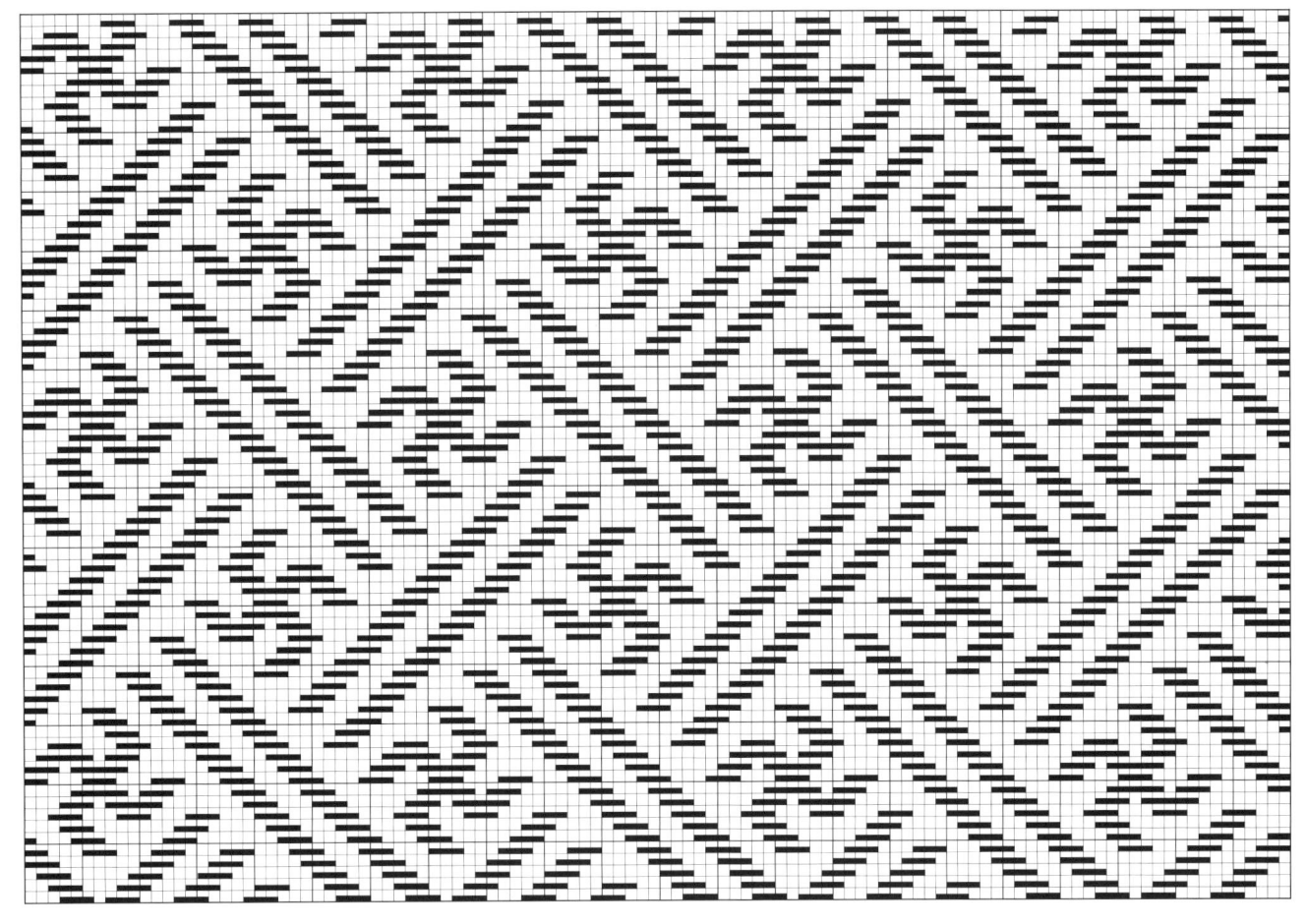

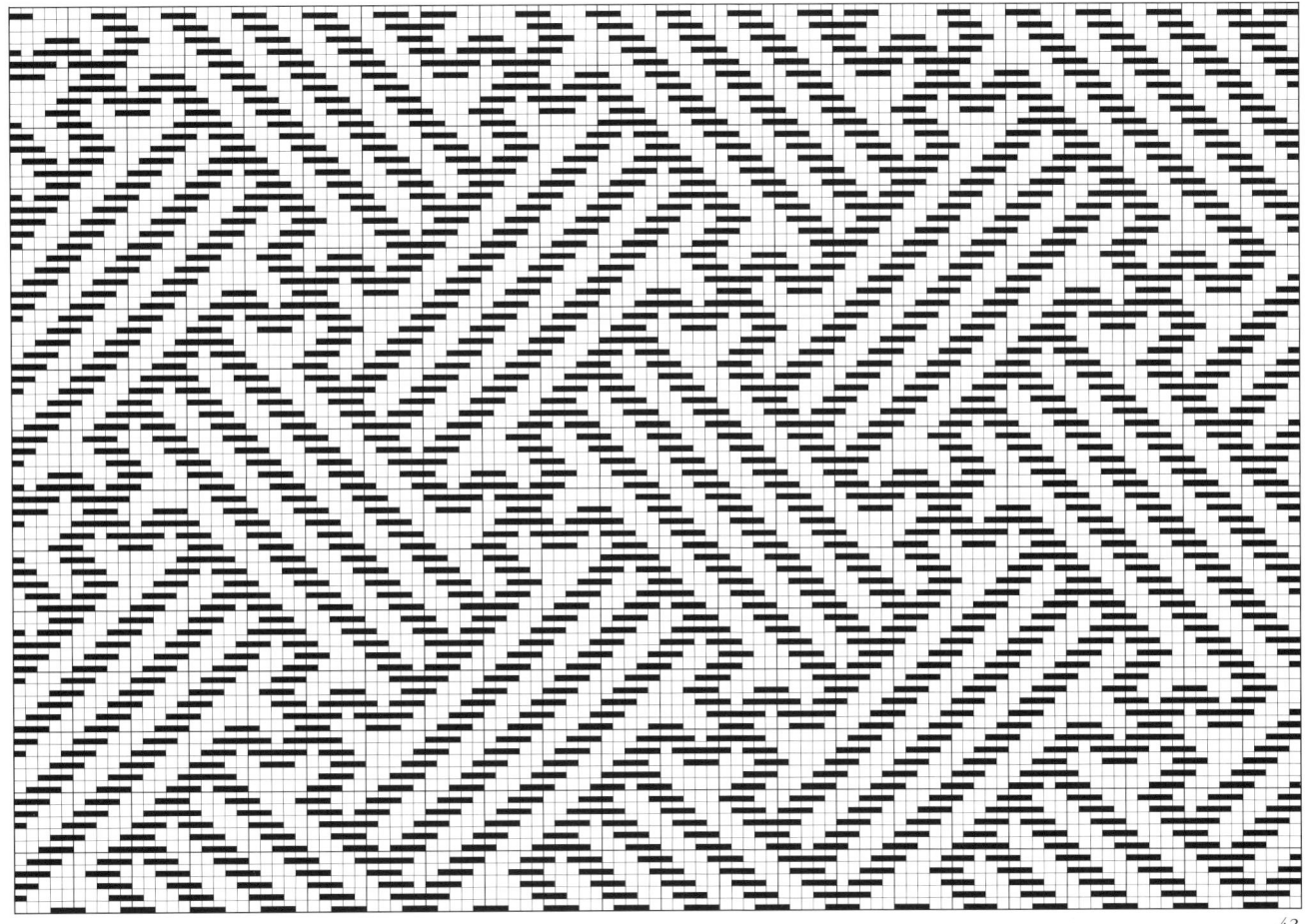

064 サヤ型（三本柱）

065 サヤ型ナガレの応用

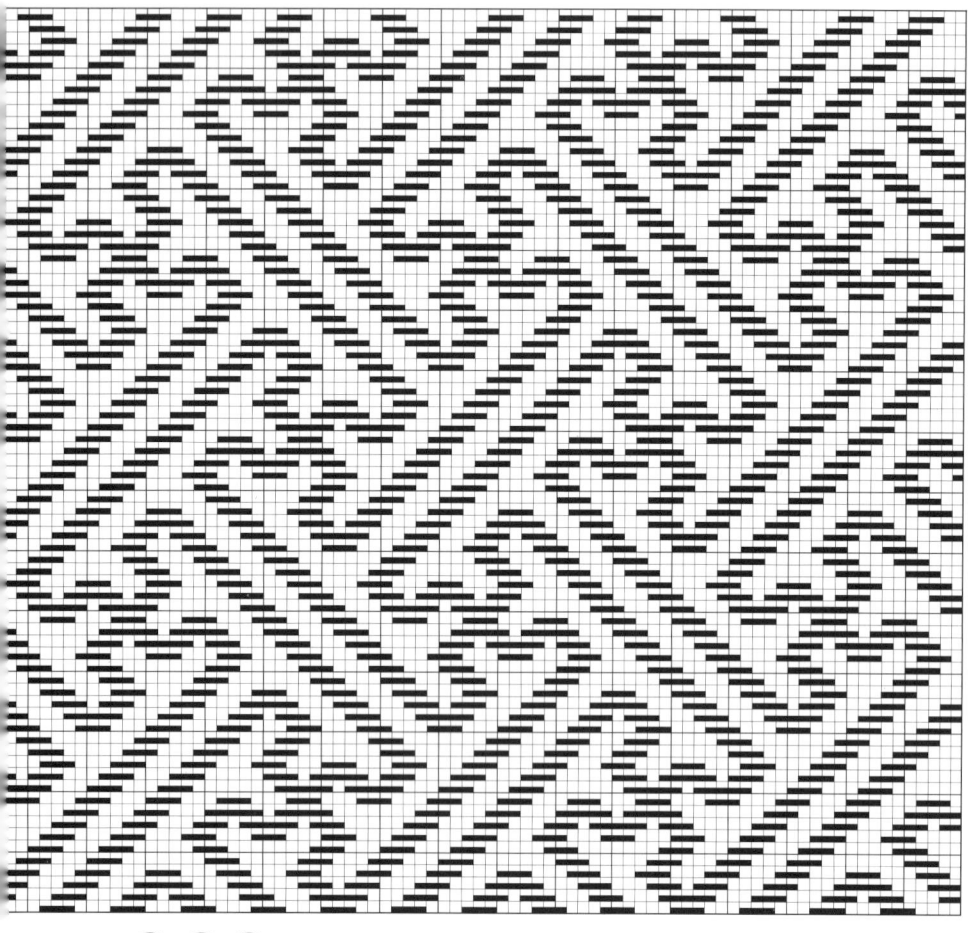

赤い電車　130×90㎝ (参考作品)

066 サヤ型ワク付き応用

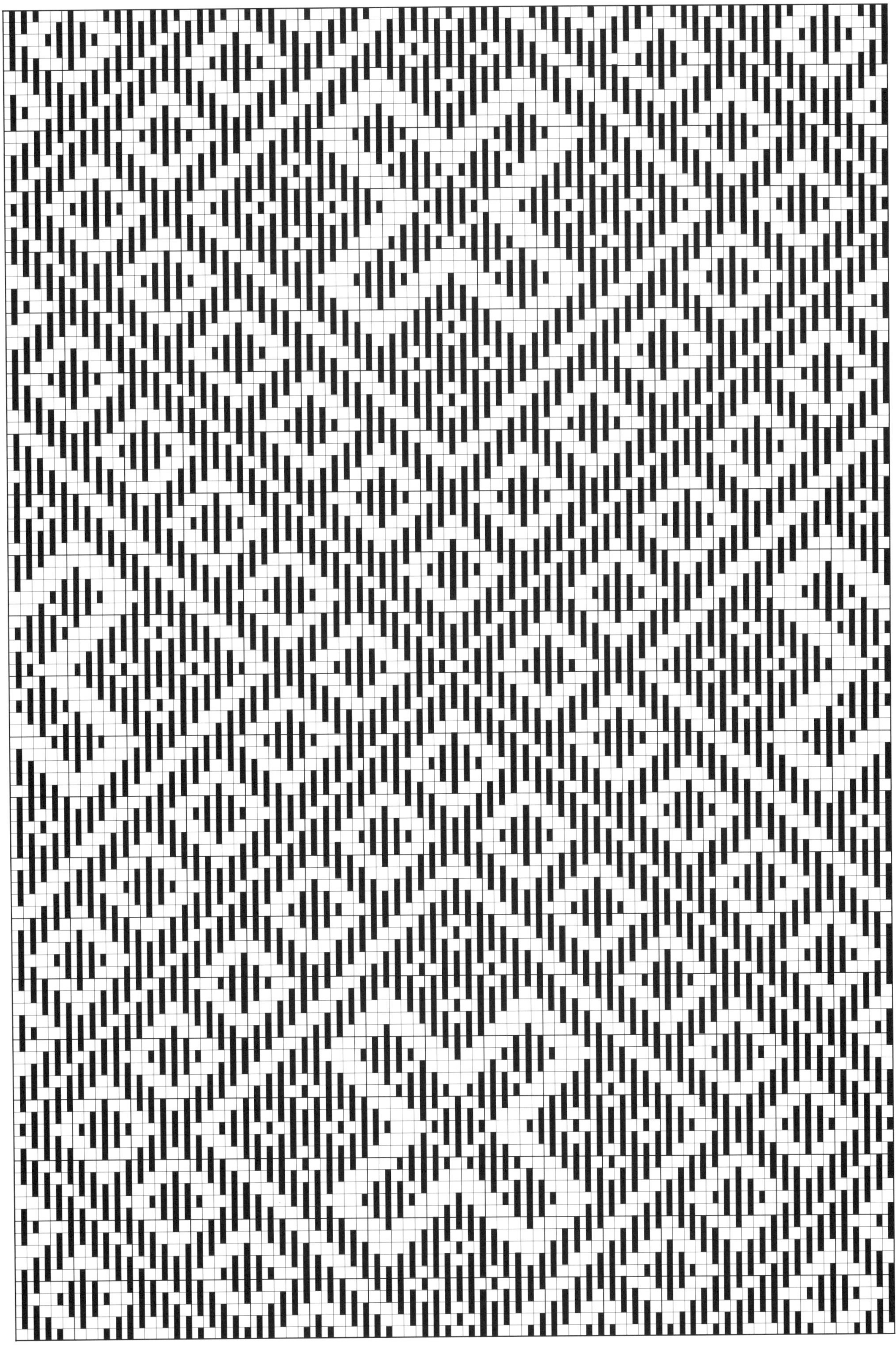

067

068 いなずまの応用

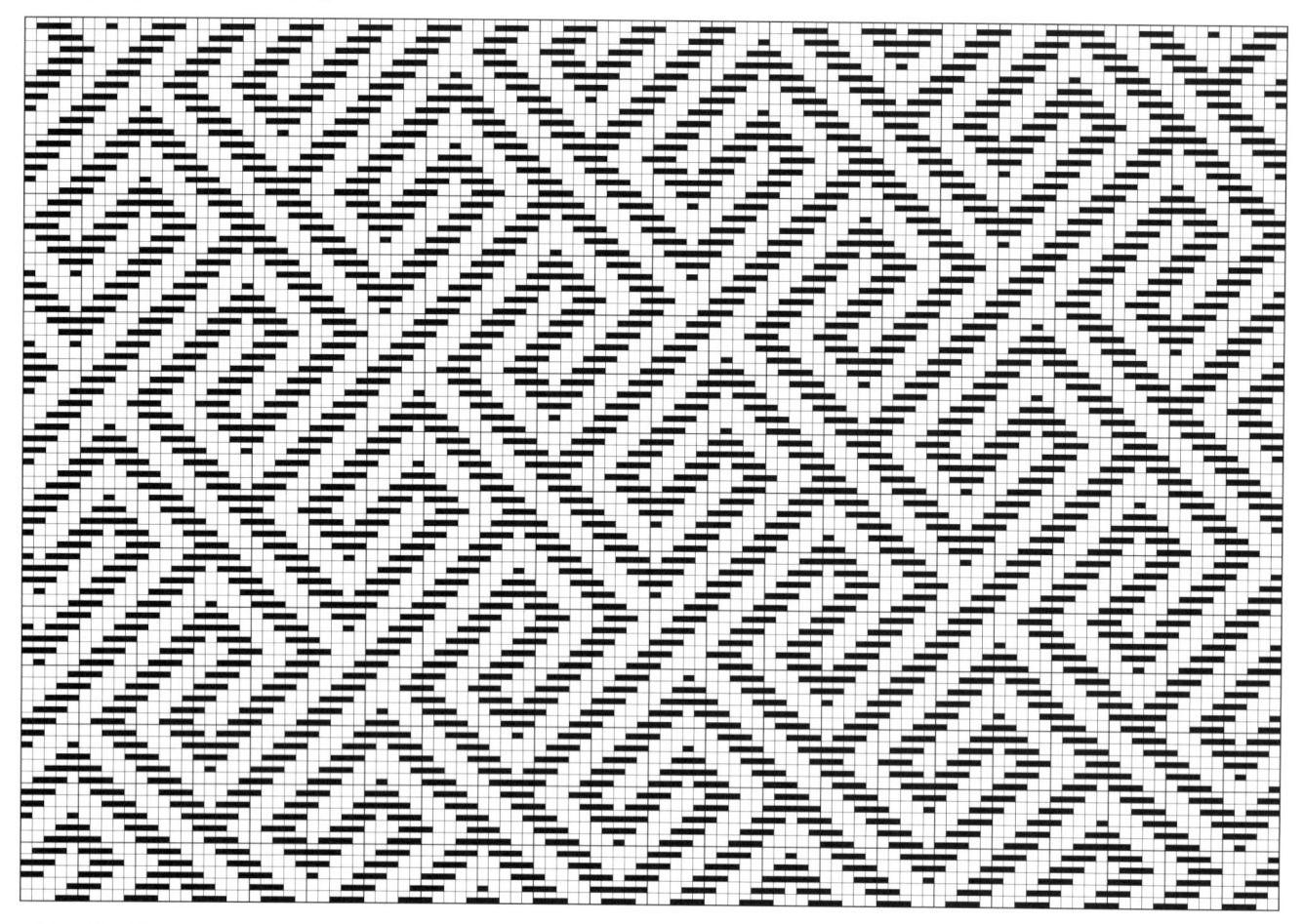

069 いなずまの応用

070

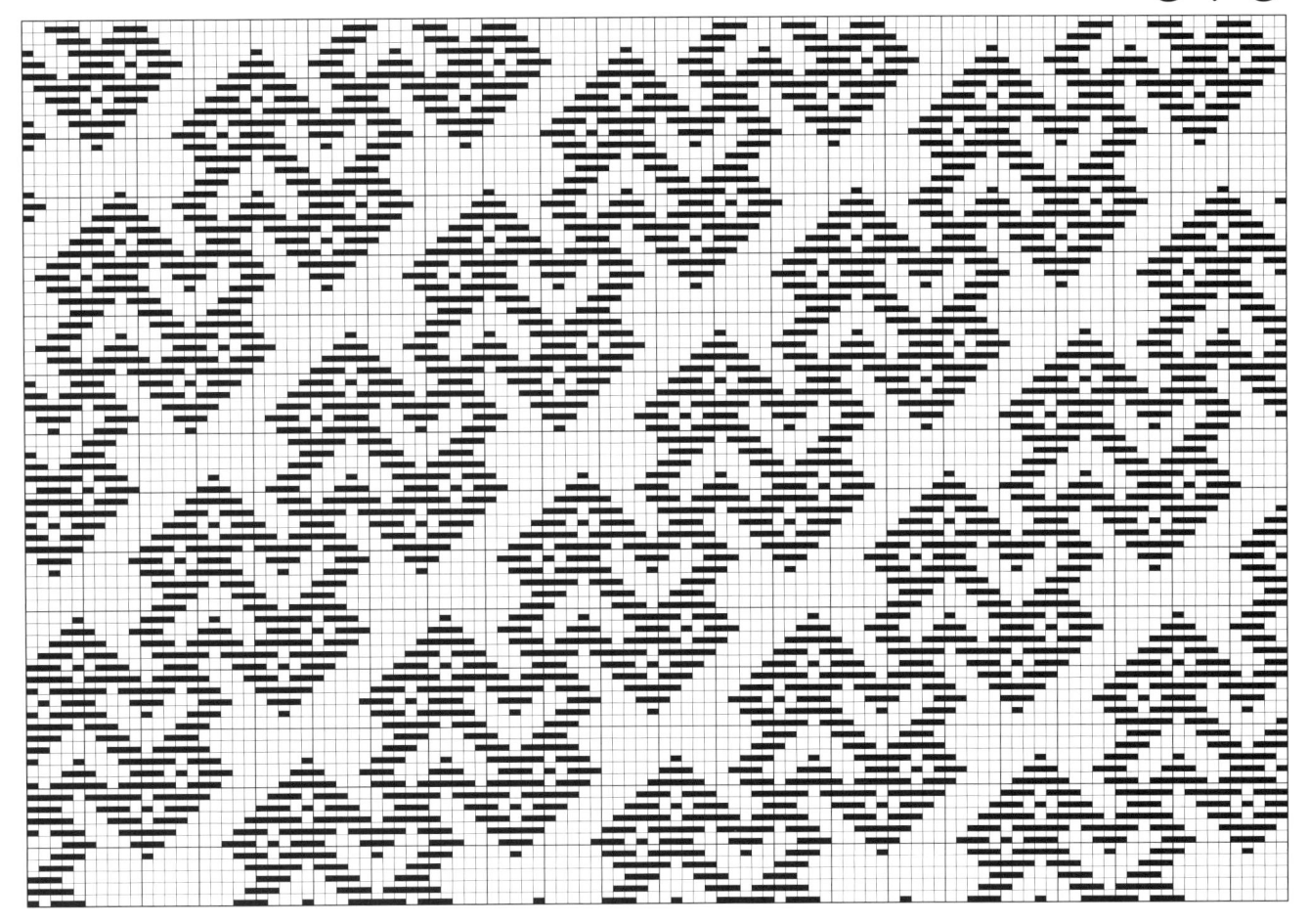

071

072

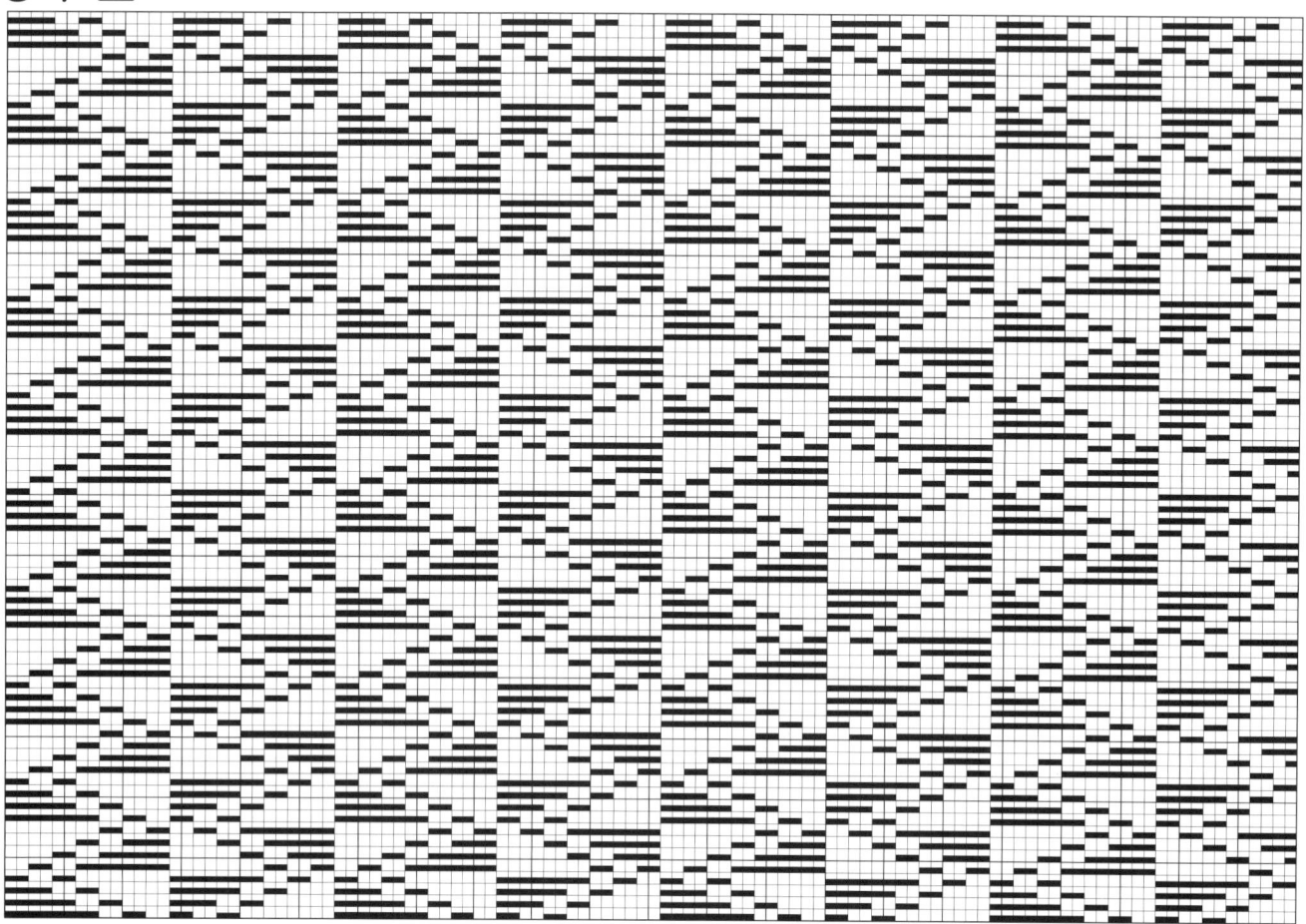

073 松川菱

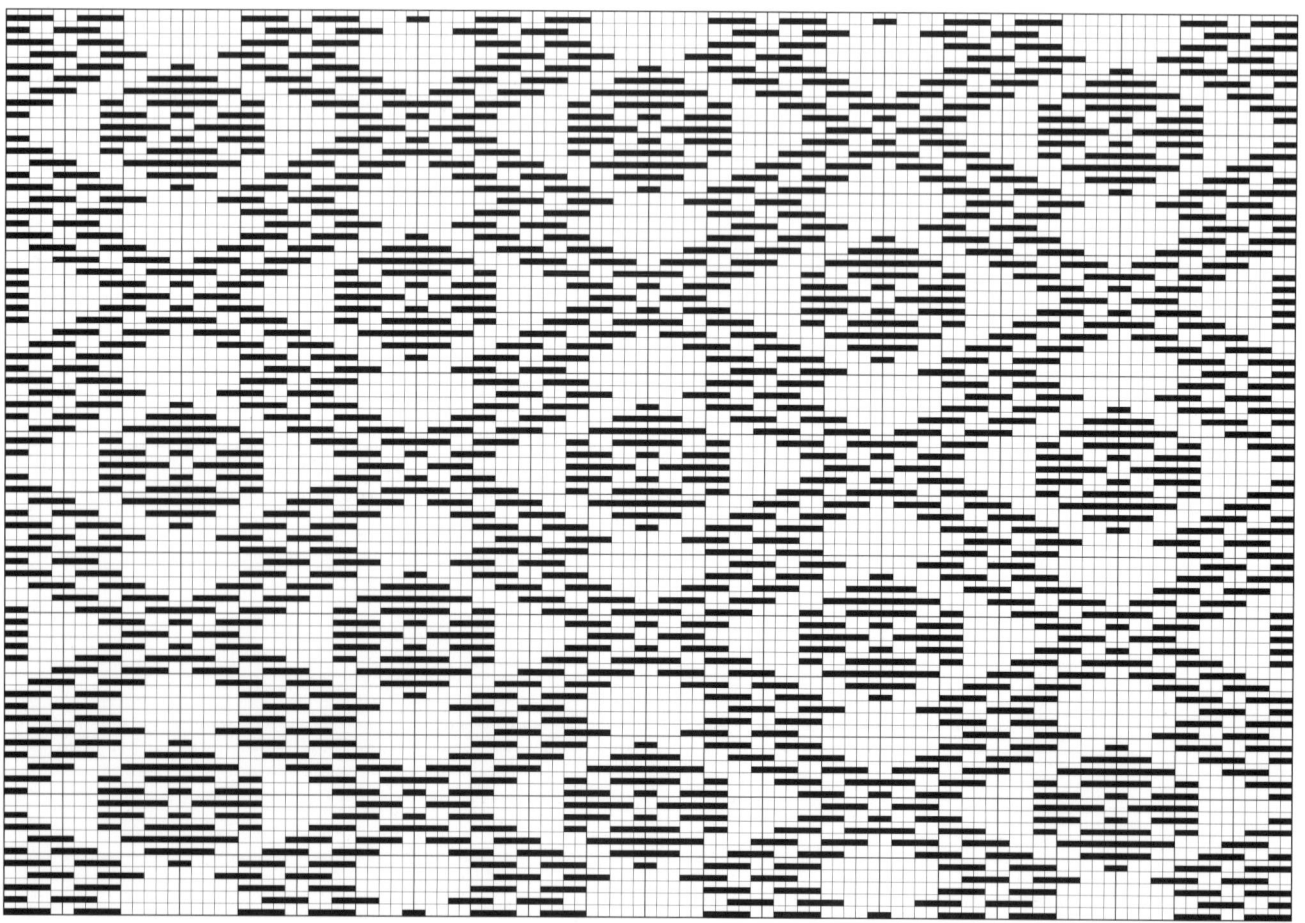

074

075

ブランコ わぁーい
110×50cm (参考作品)

076

077

ウサギのお月見
120×50cm (参考作品)

078

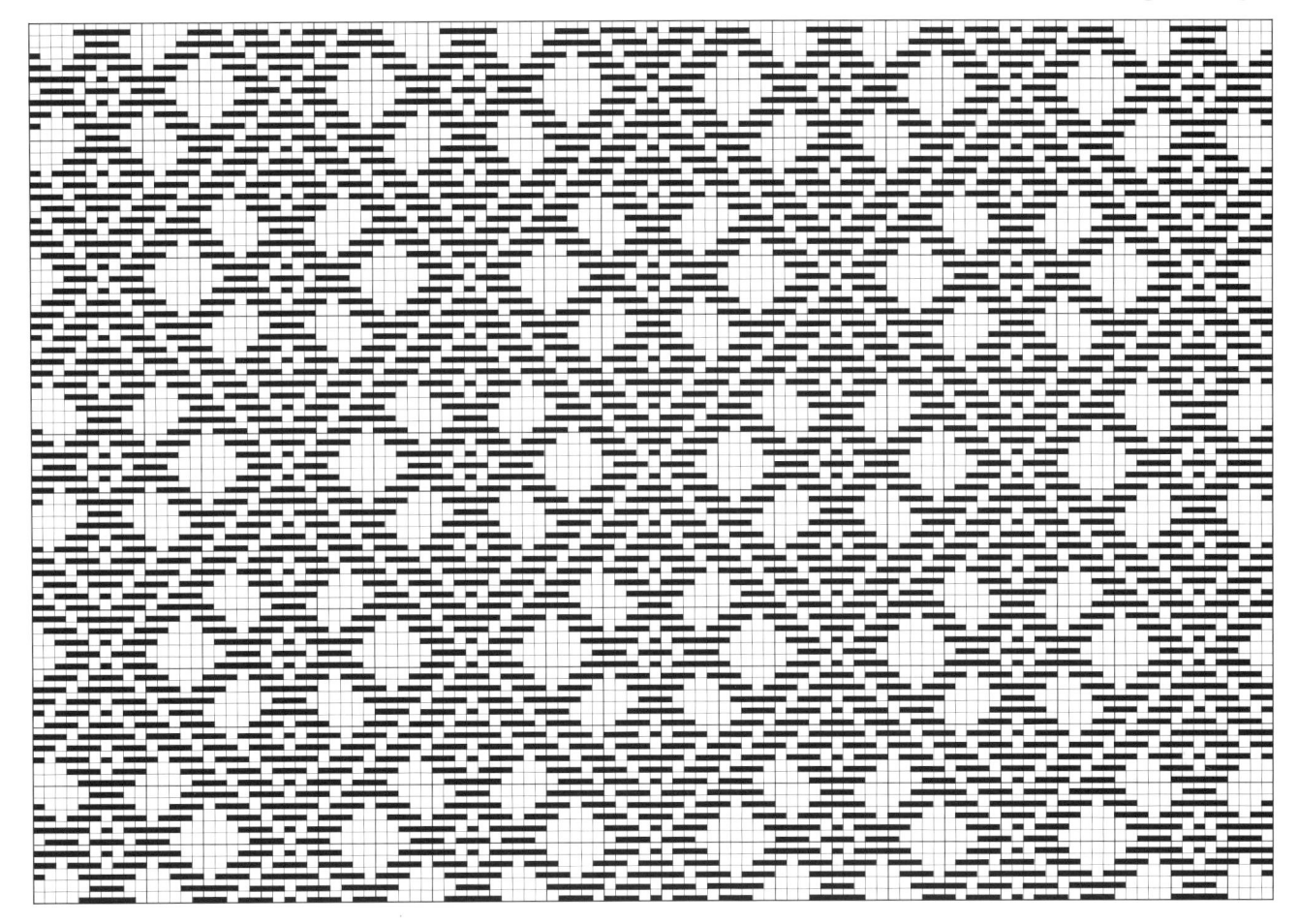

079

080

081

52

082

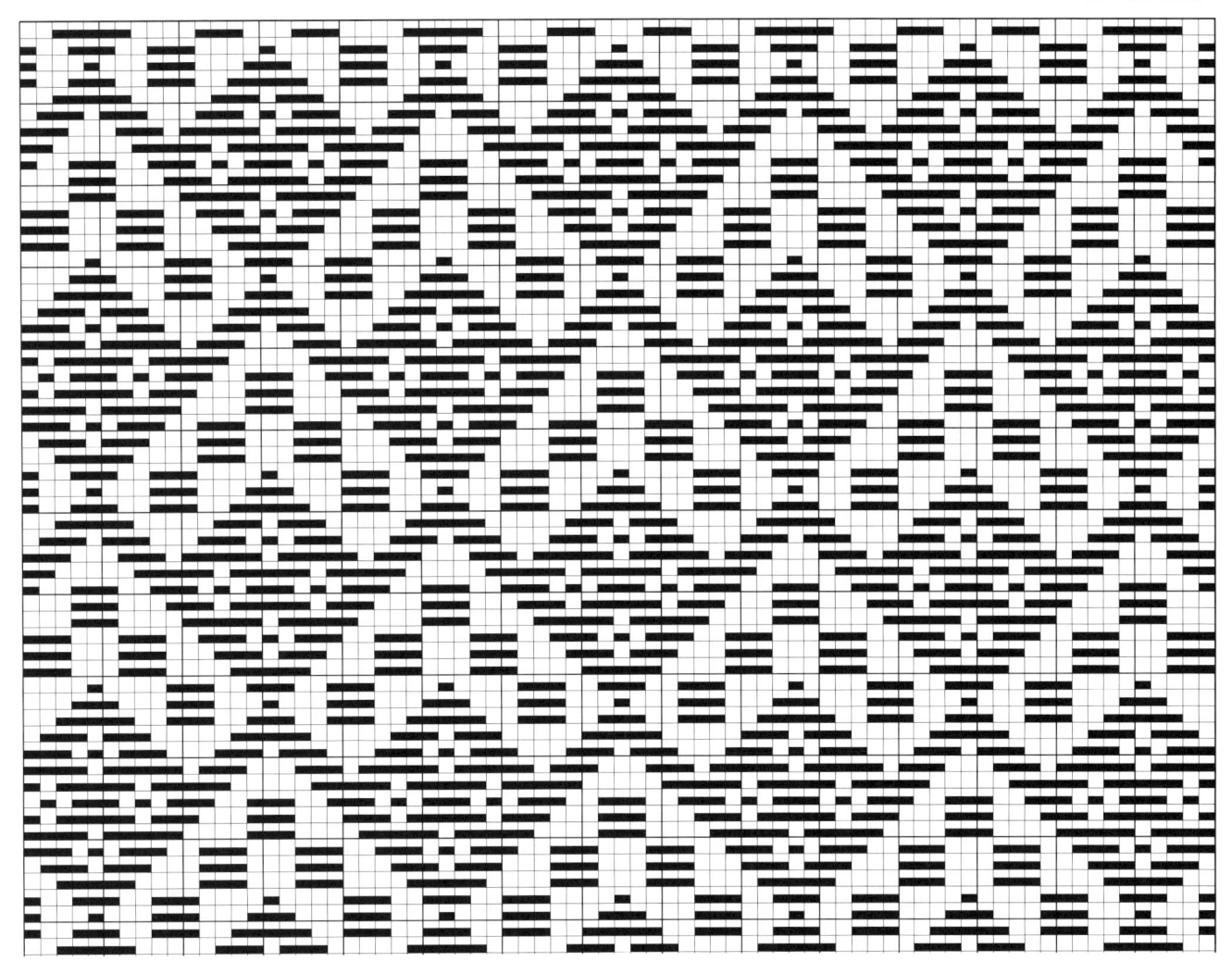

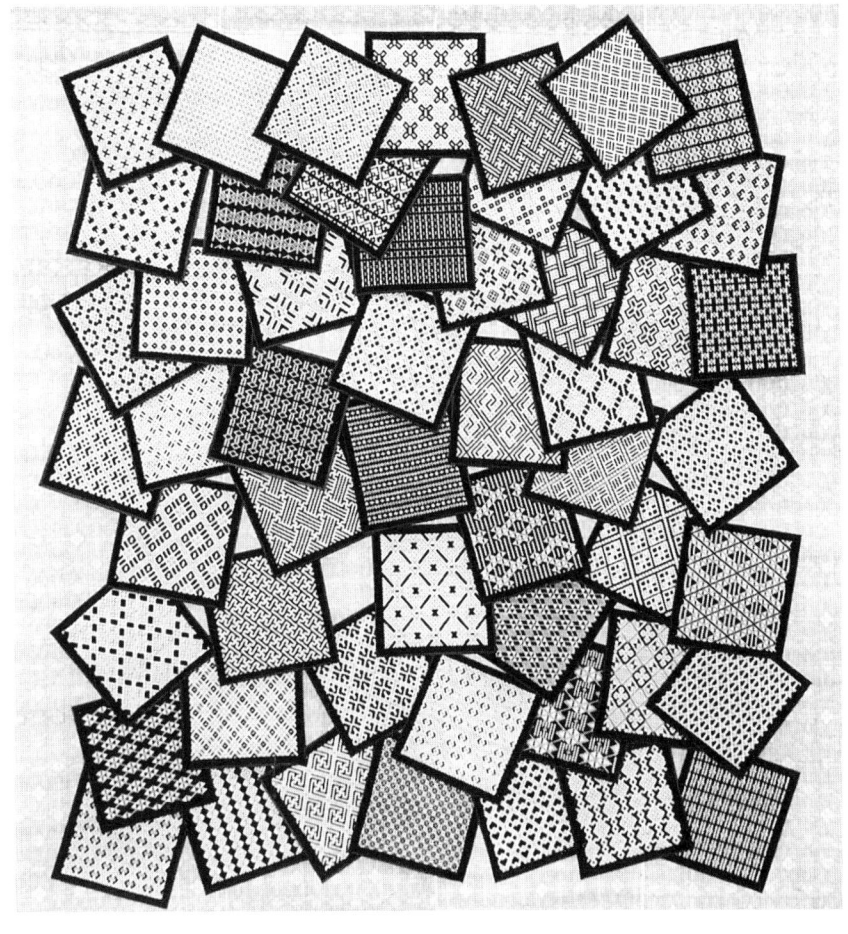

この作品は、一辺が10cm大の布に、様々なこぎん刺しのパターンを刺し、四角いコースター風のものを何十枚も作成しておきます。それを、モザイク状に配置して、1枚のタペストリーとしたものです。

タペストリーモザイク
130×130cm (参考作品)

083

084

085

080

087

080

089

090 竹の節応用・上 091 下

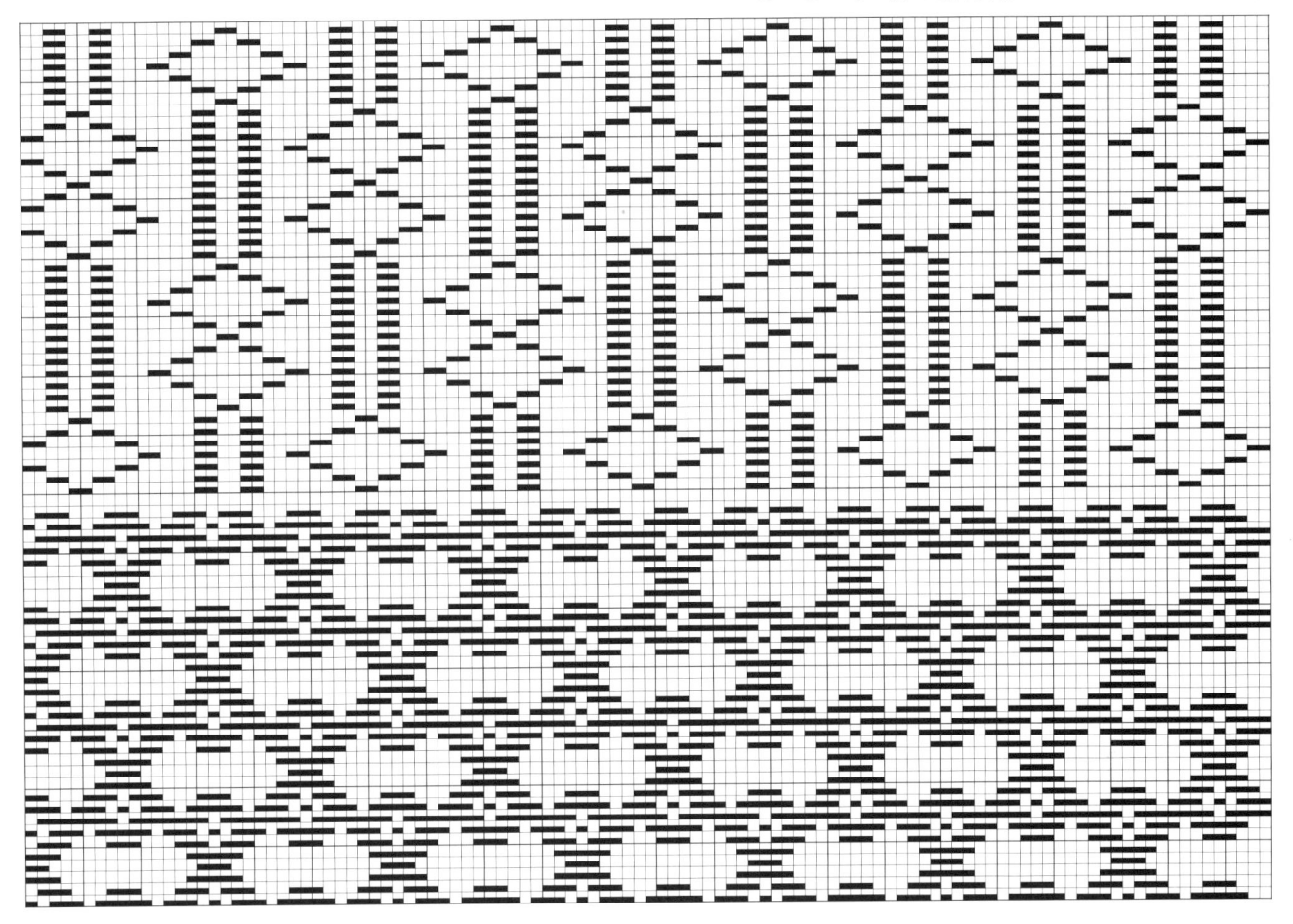

092 上 093 下

094 カチャラス・上 / 095 下

096 社ロ・チ 097下

098

090

100 杉綾の応用

101 杉綾の応用

102

103

104

105

106

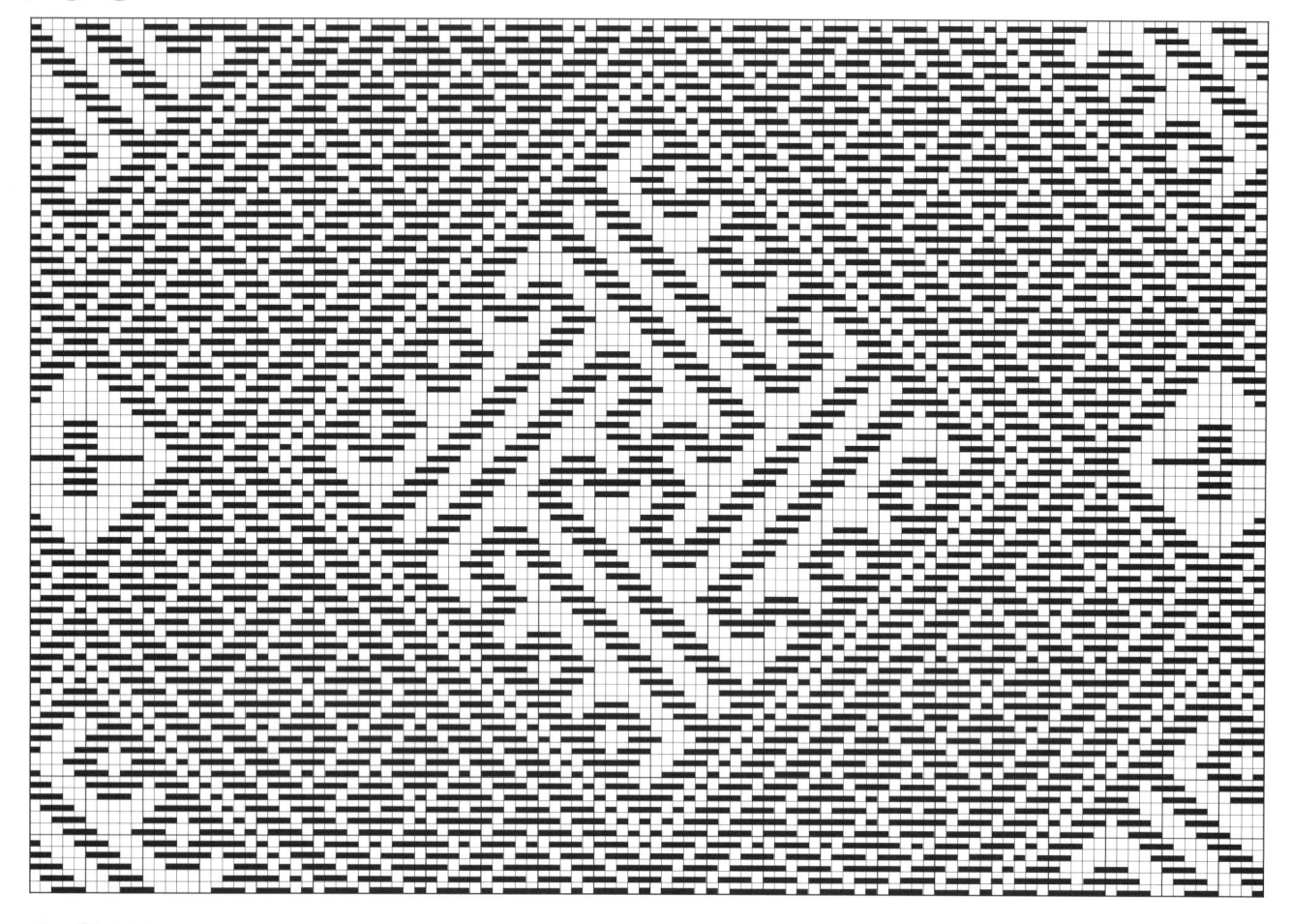

107

108

109 豆コ花重ね応用

110 柱入の矢の羽刺し

111 四枚菱

112 柱入り馬のクツワ豆コツナギ

113

広重・雪の深川　90×50cm (参考作品)
雪の朝、凍てつく黒々とした紺色に惹かれて作りました。

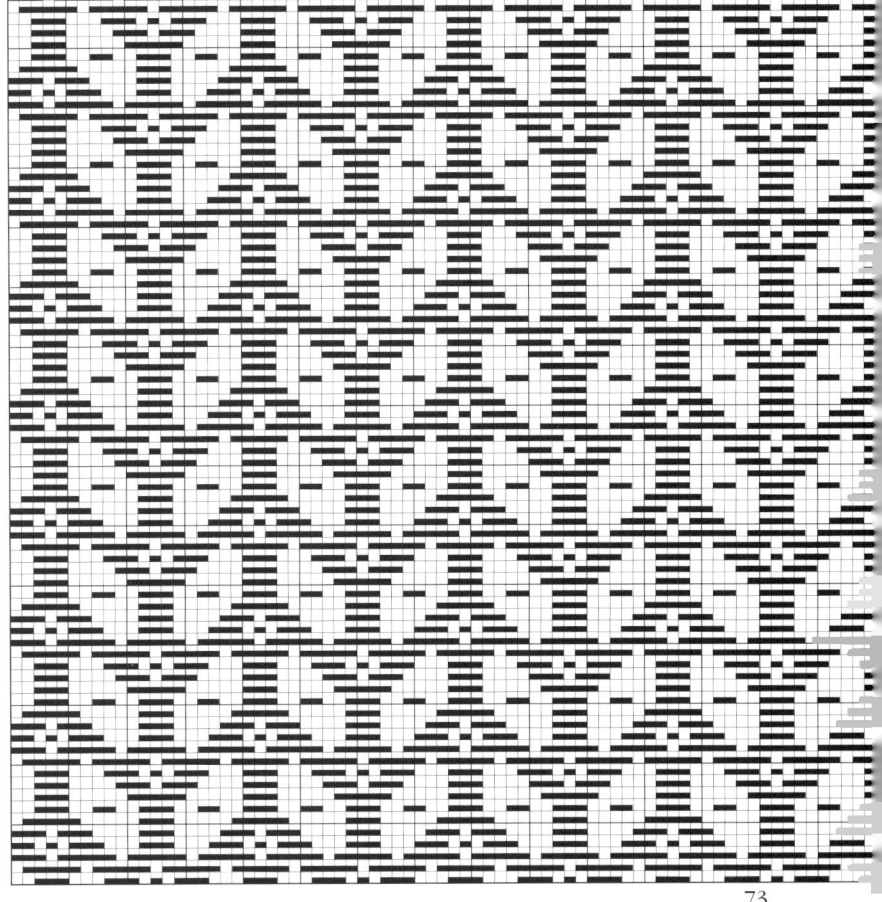

114

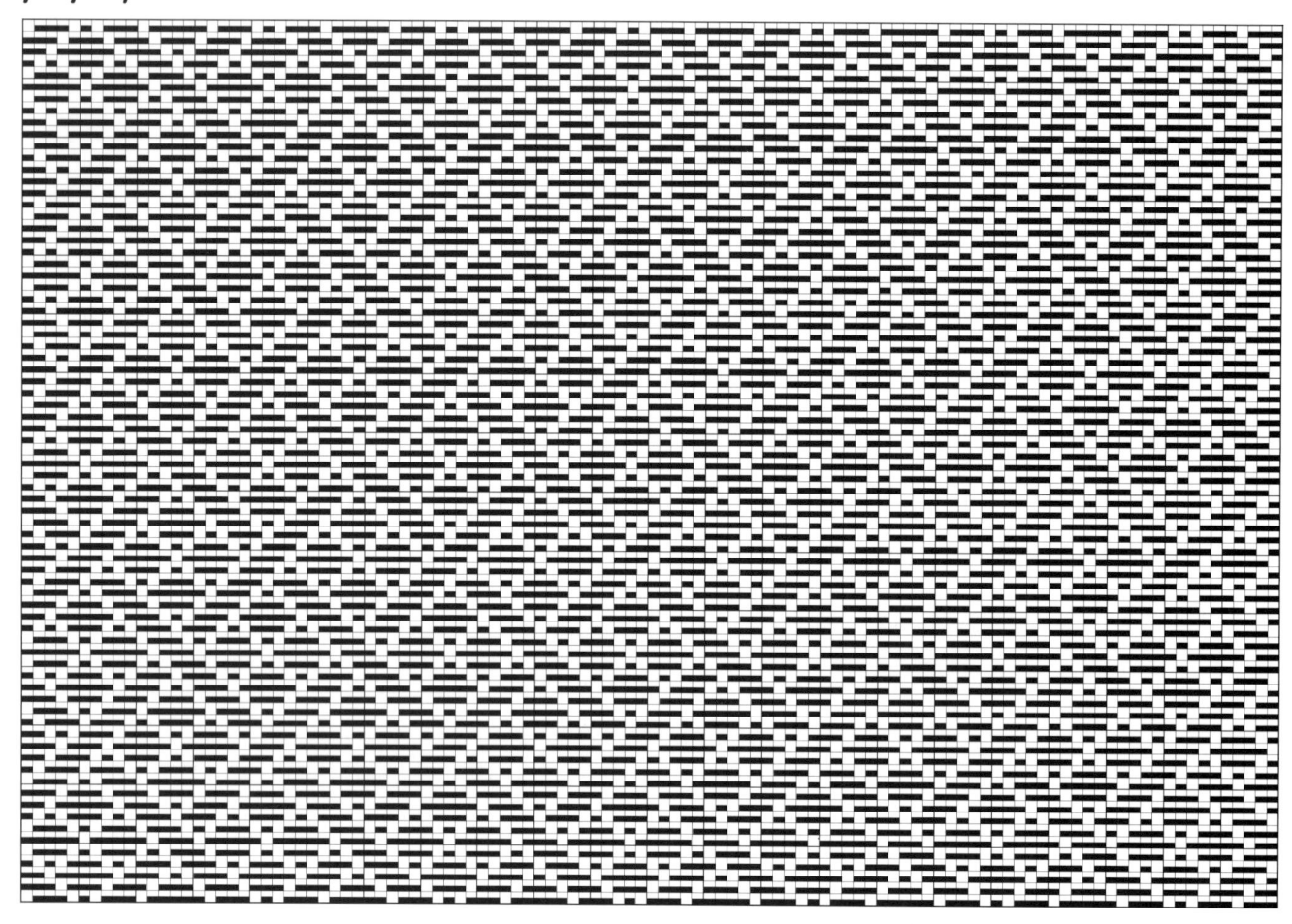

115 総模様・上　116 総模様カチャラズ・下

117 竹の節・上   118 竹の節・下

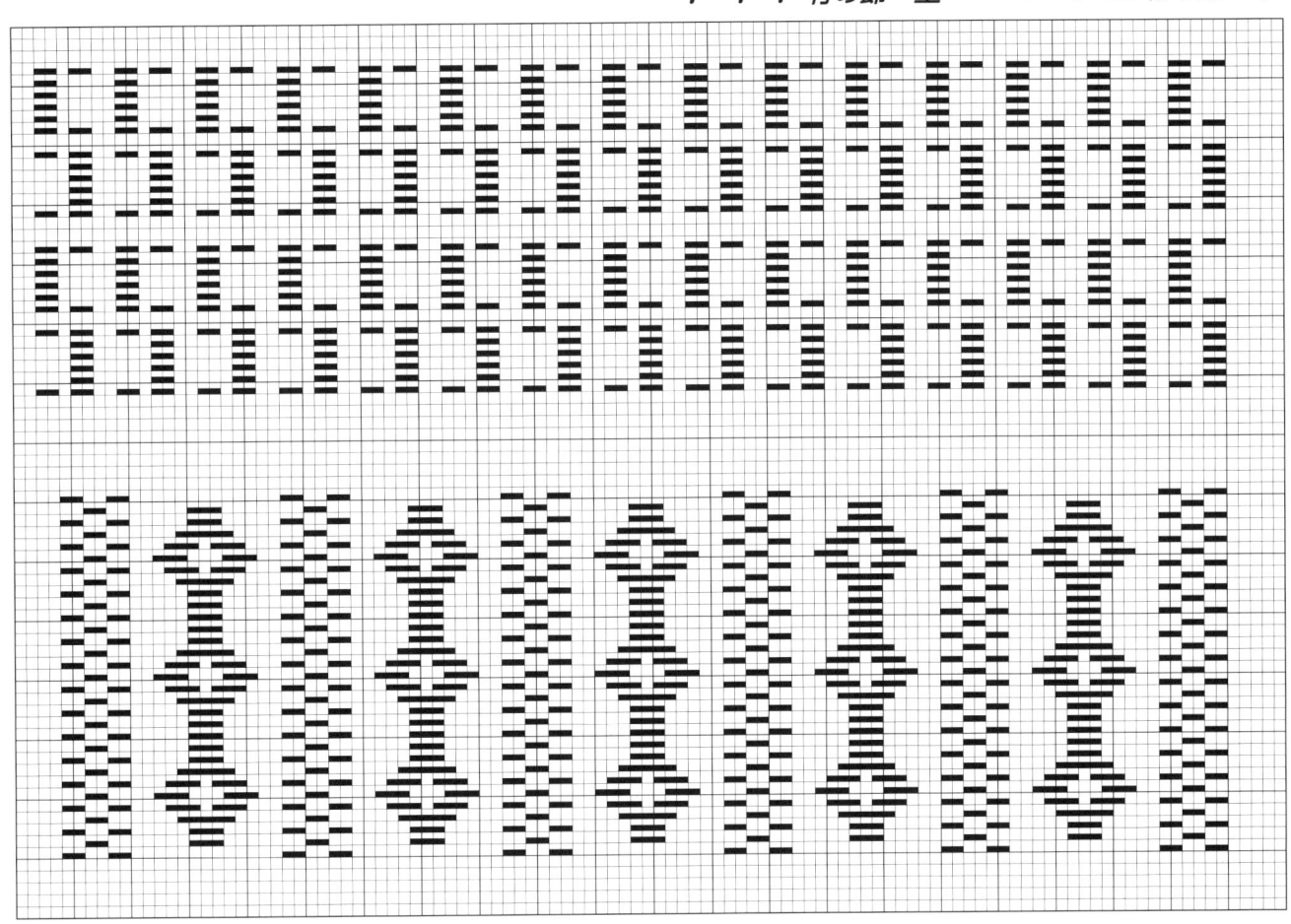

119

120

121

122

123

124

125 竹の節

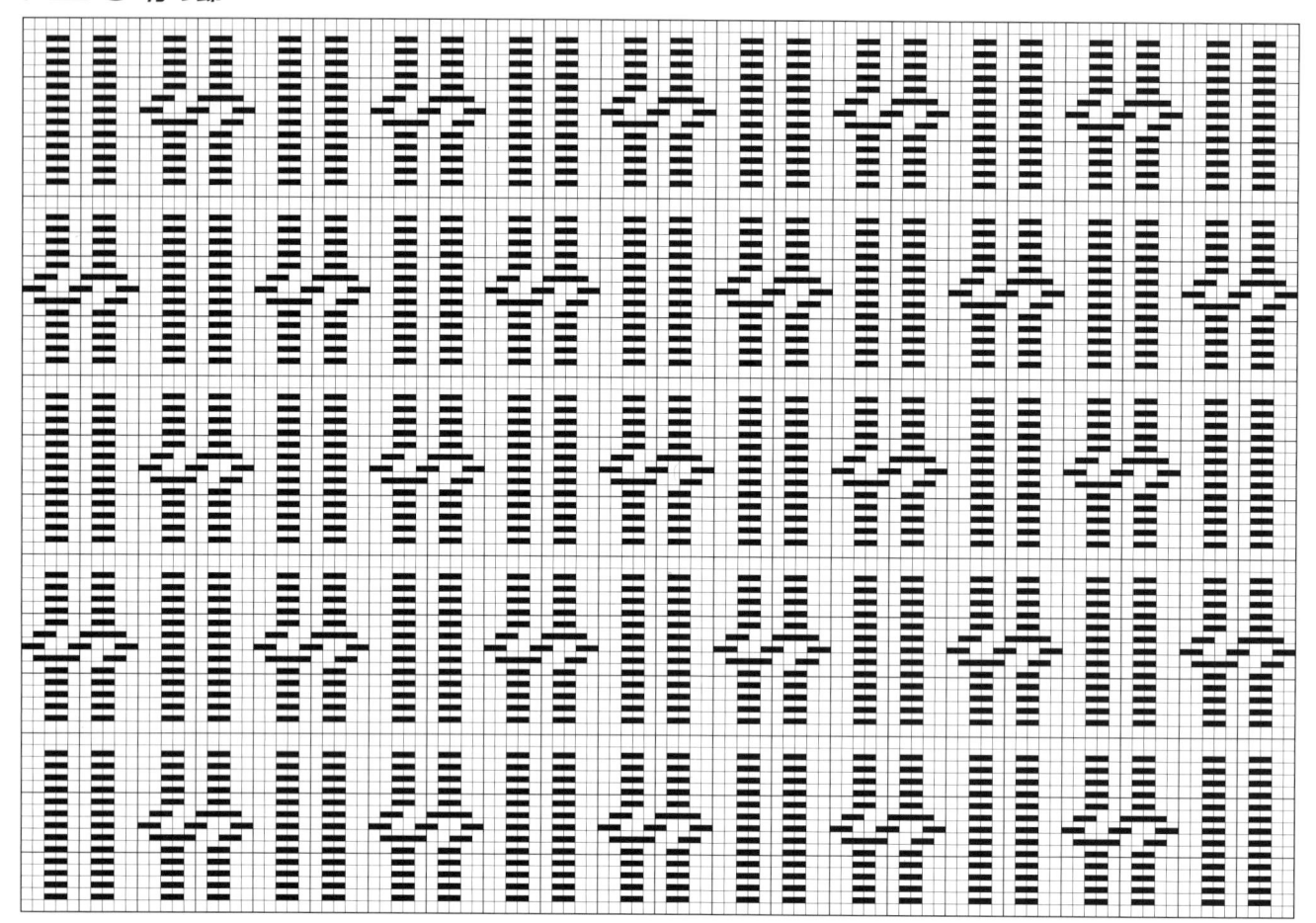

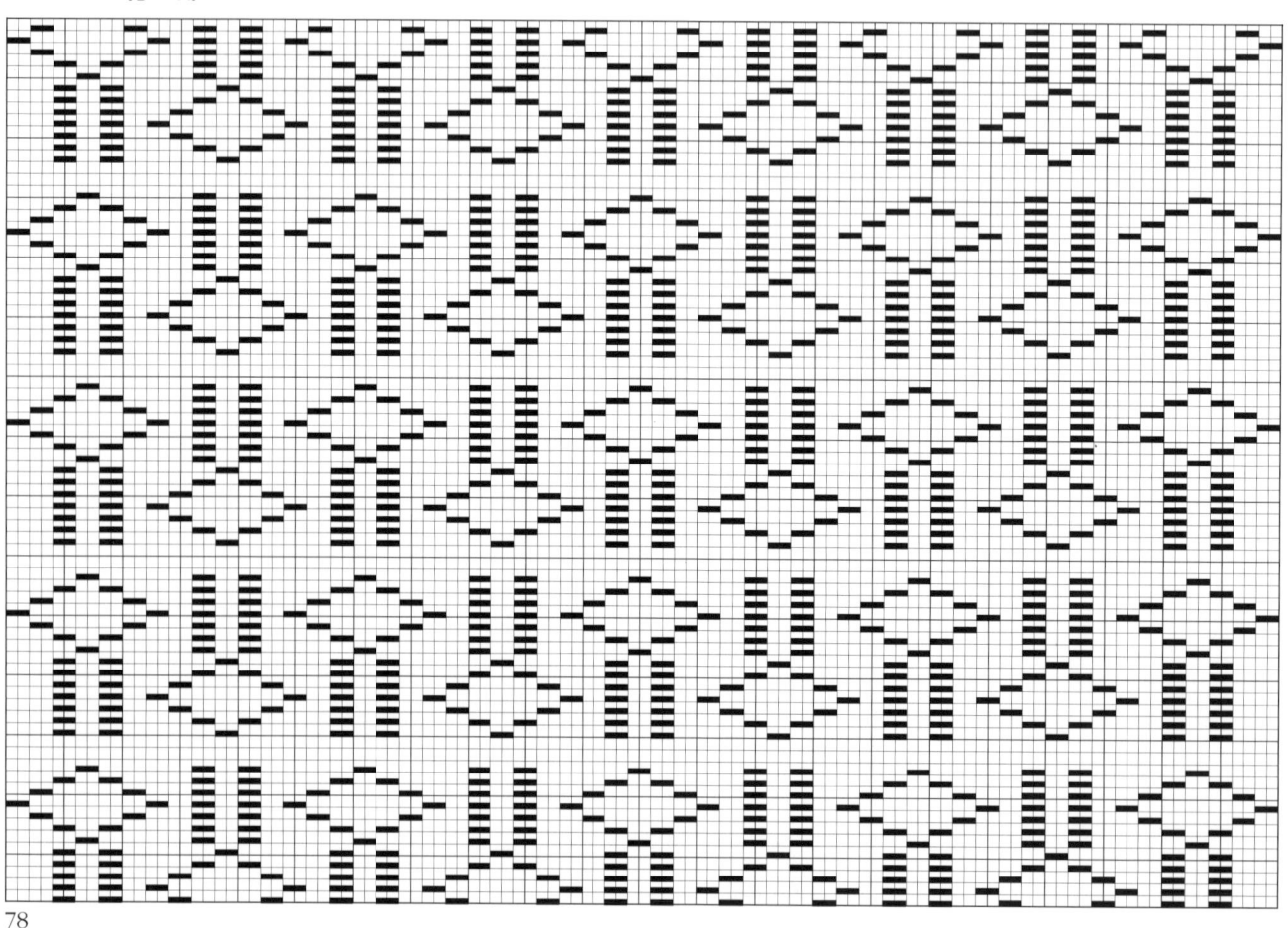

126 竹の節

127 そろばん刺し

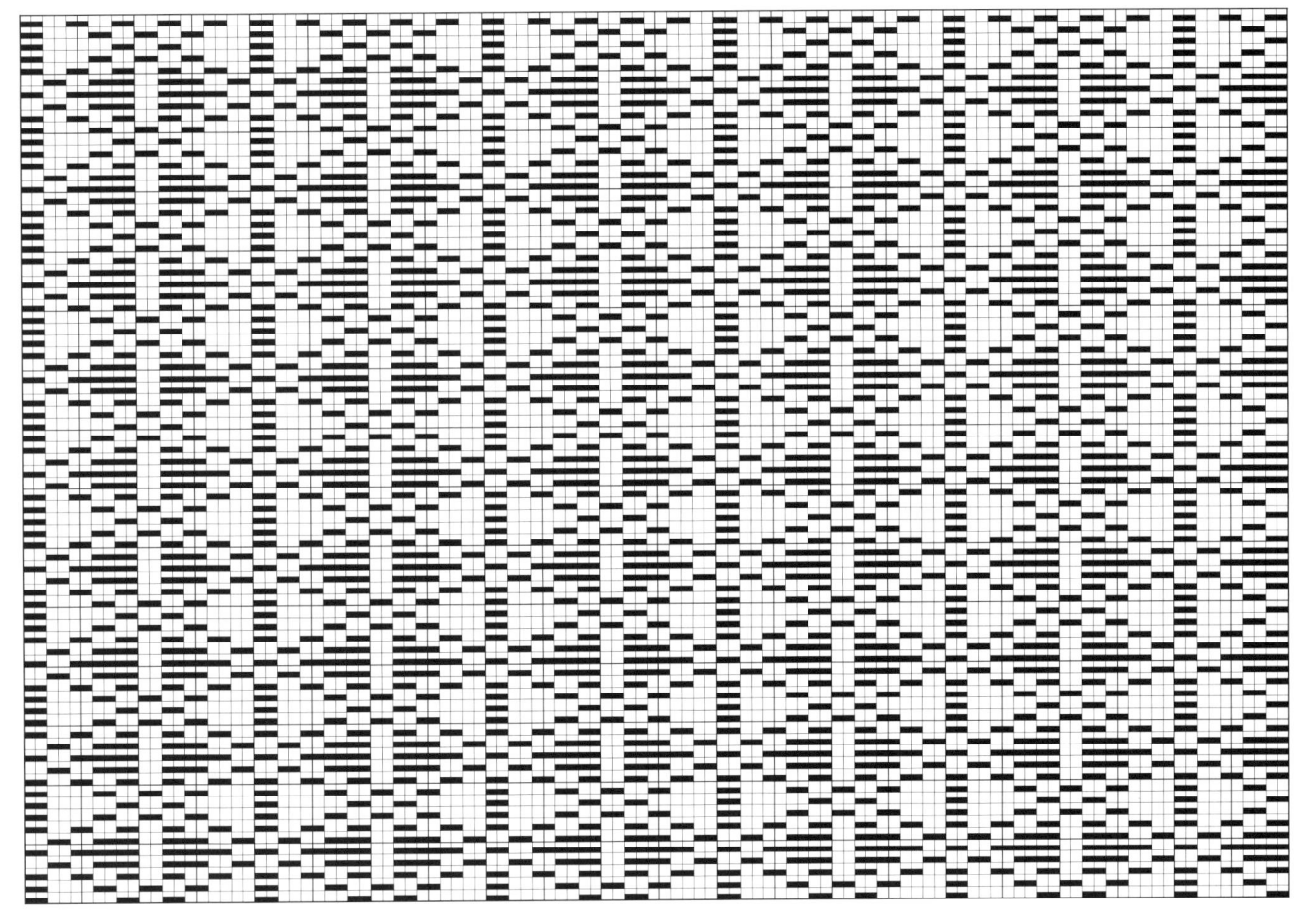

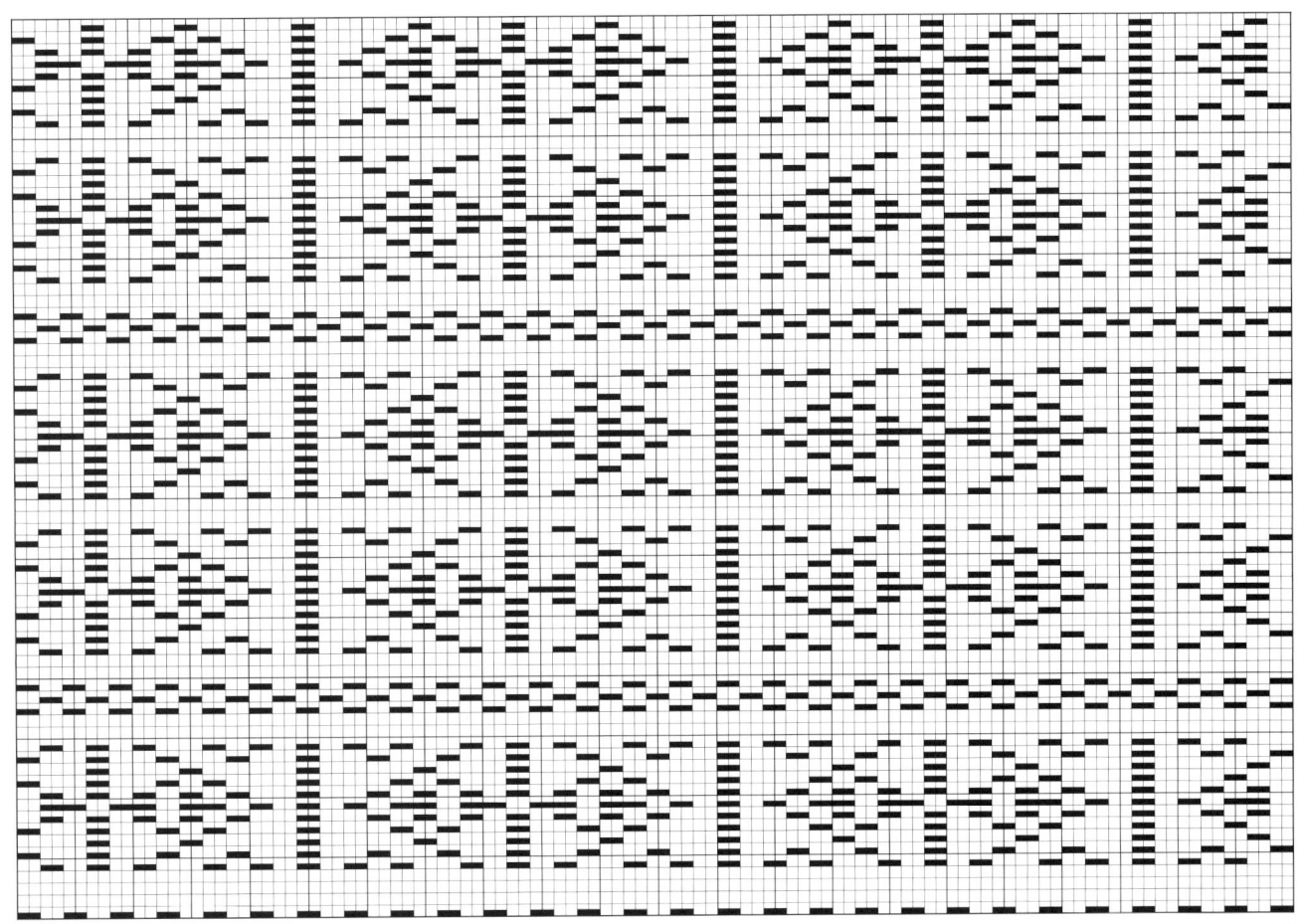

128

129上 130下

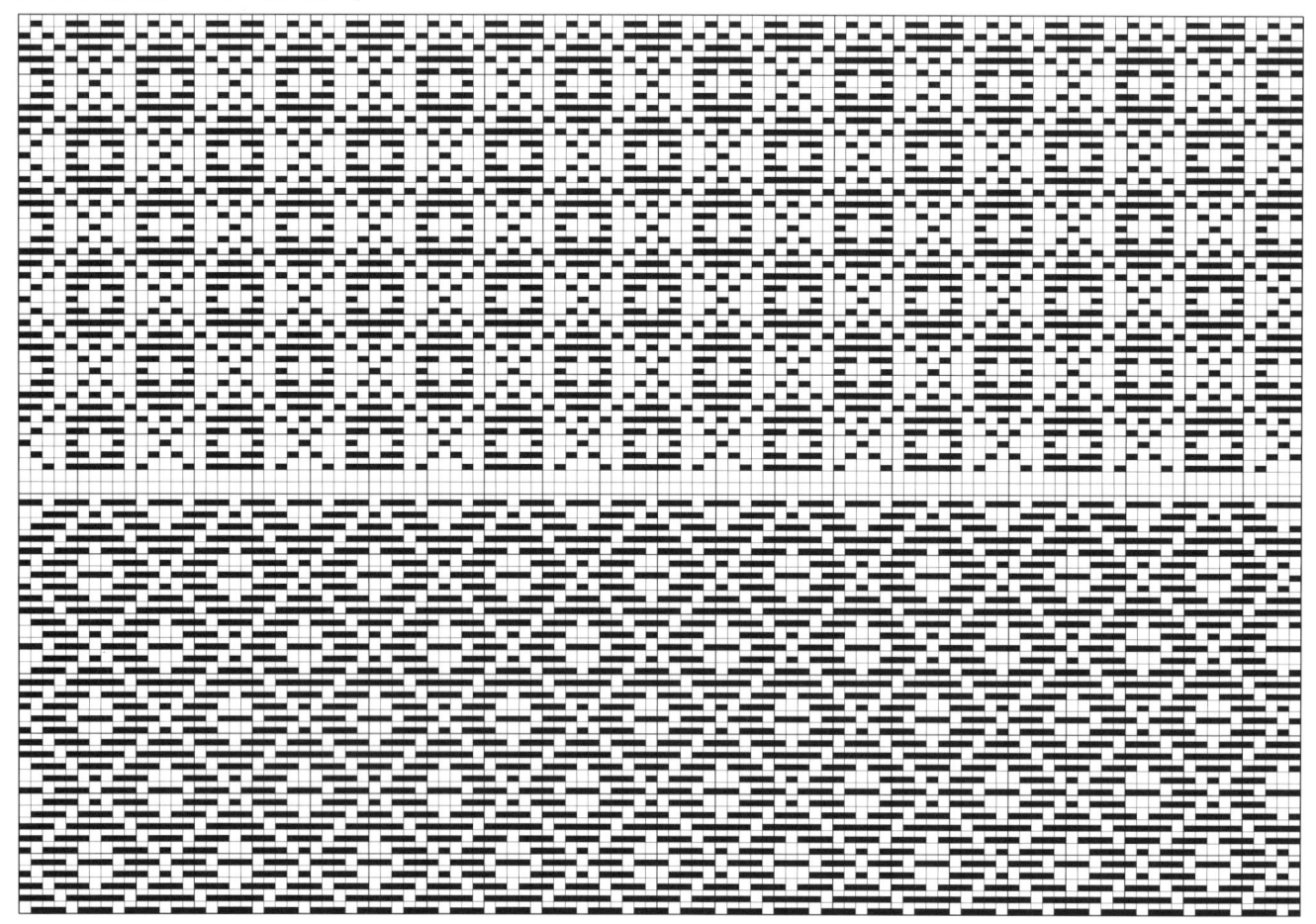

131総模様・上　132総模様・中　133総模様・下

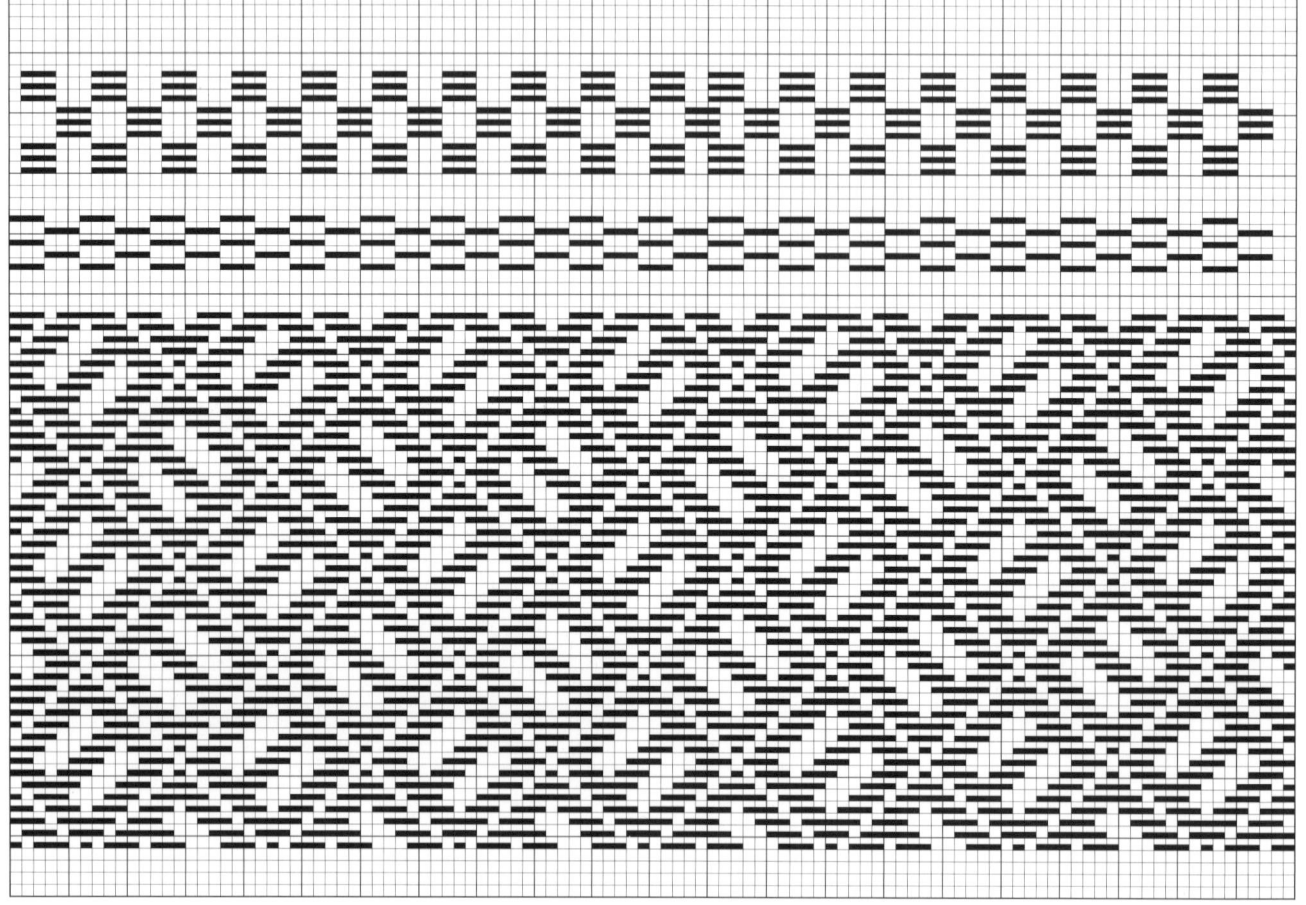

134左上　135右上　136下

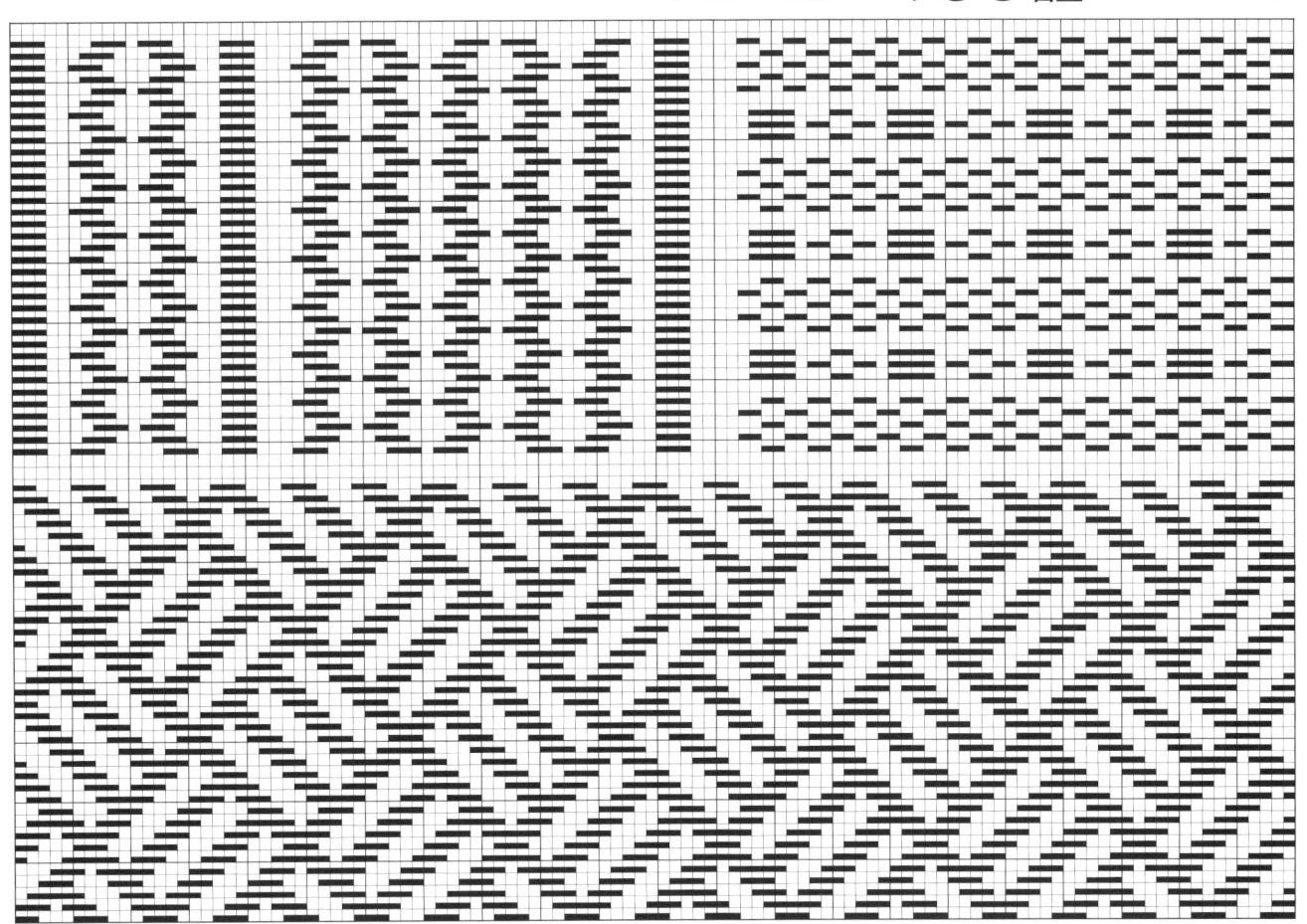

サンタクロース　30×30cm (参考作品)

クリスマスファンタジー
120×50cm (参考作品)

137

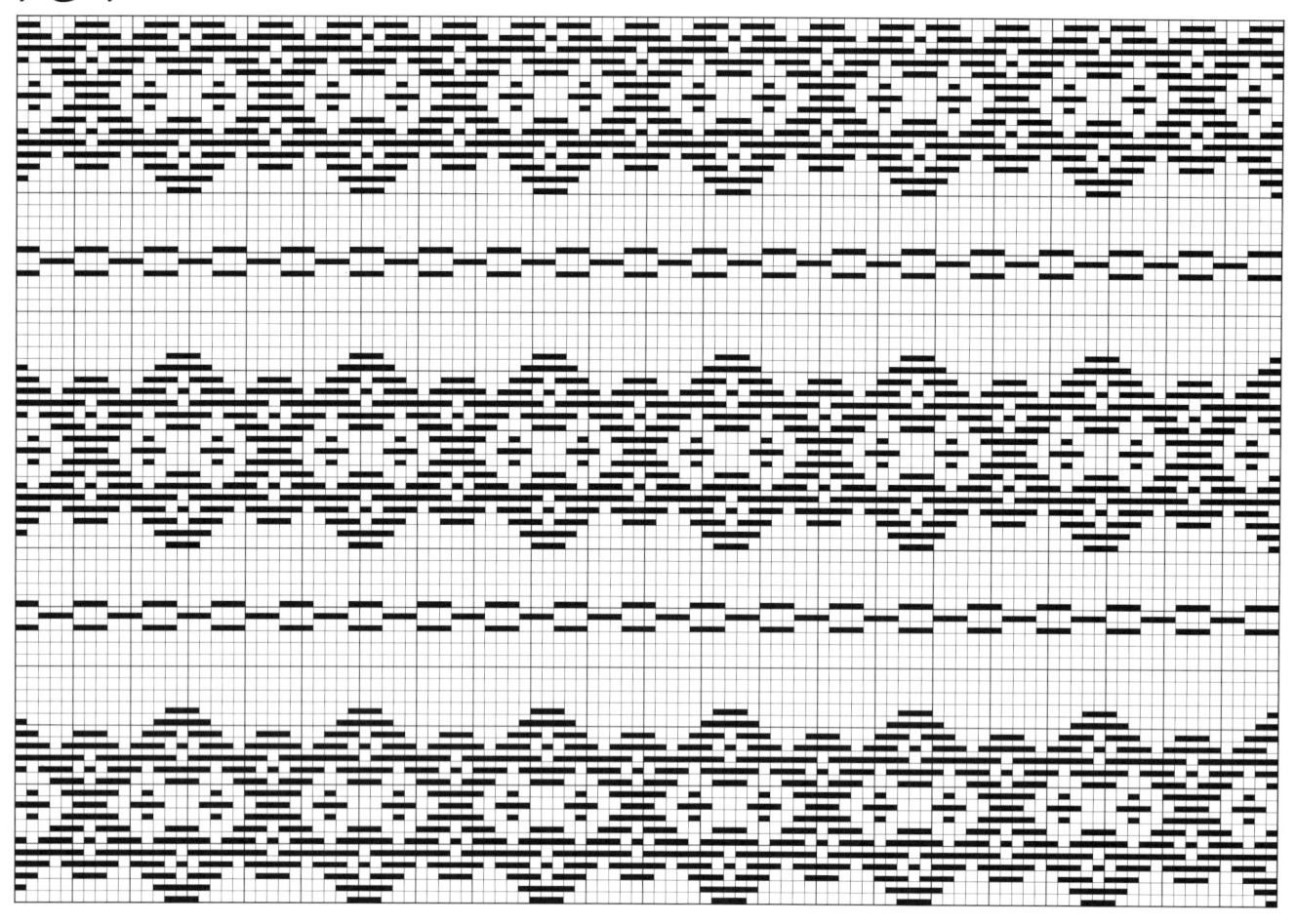

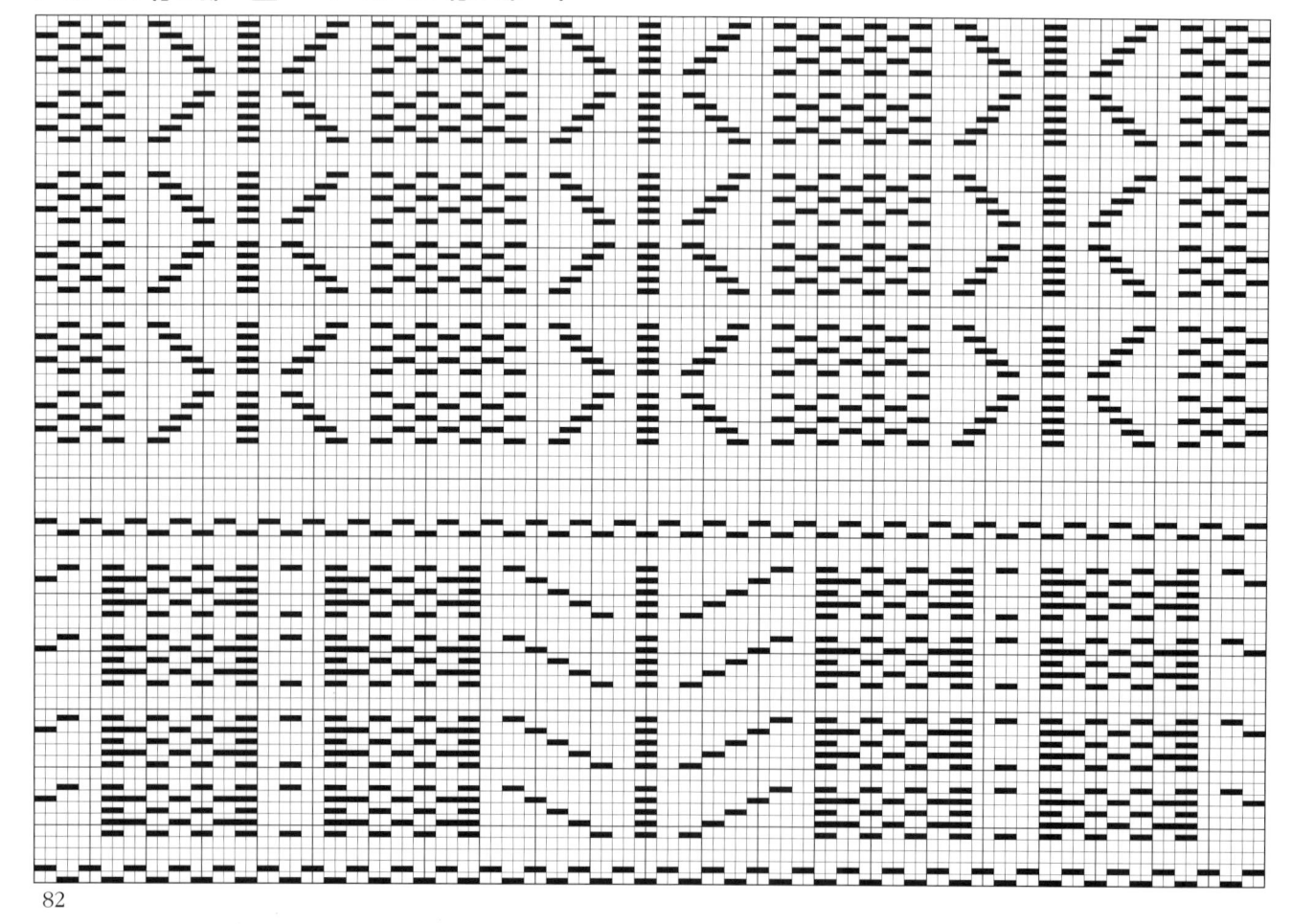

138 竹の節・上   139 竹の節・下

140左上 141右上 142下

143上 144下

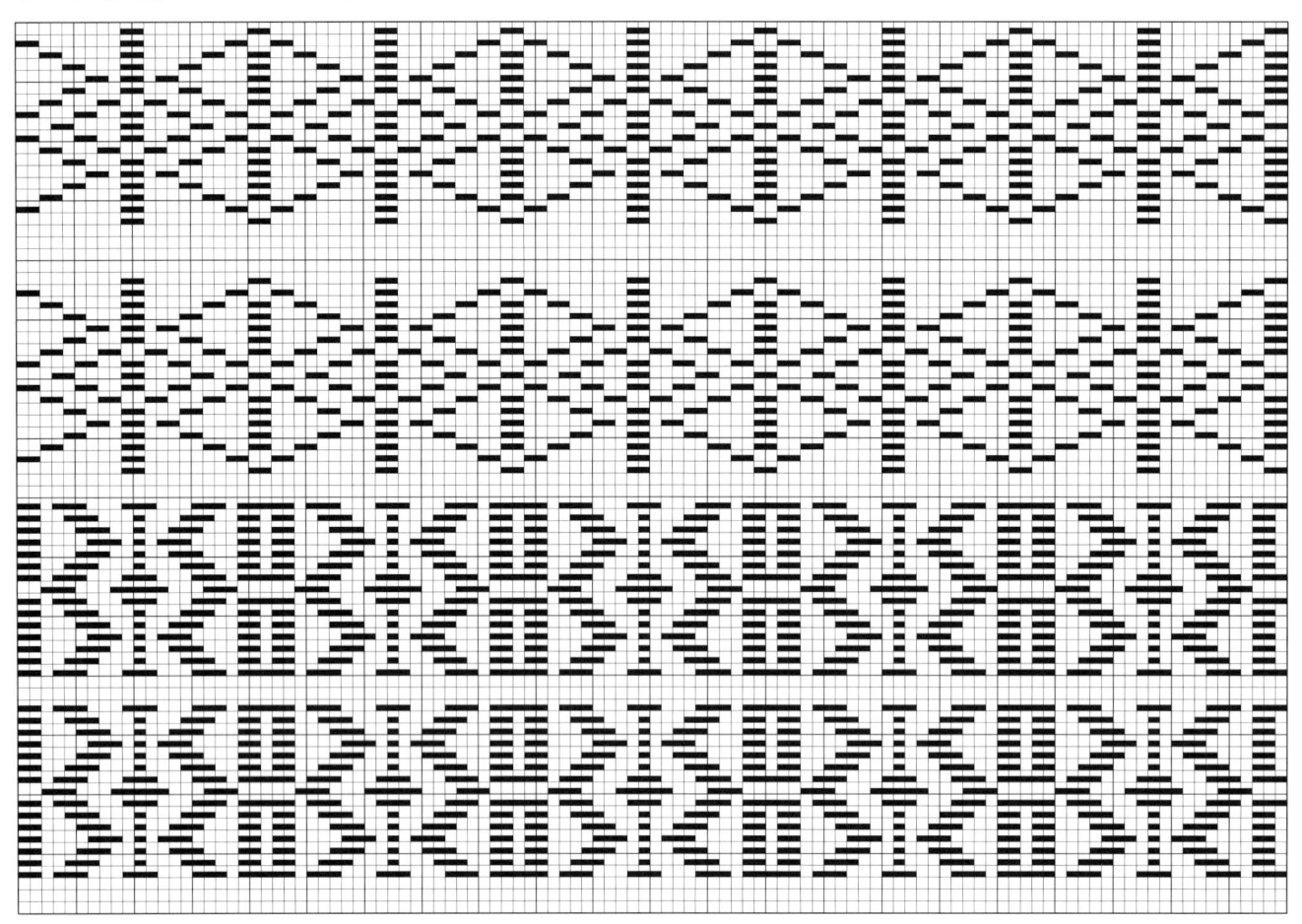

145竹の節・上　146竹の節・下

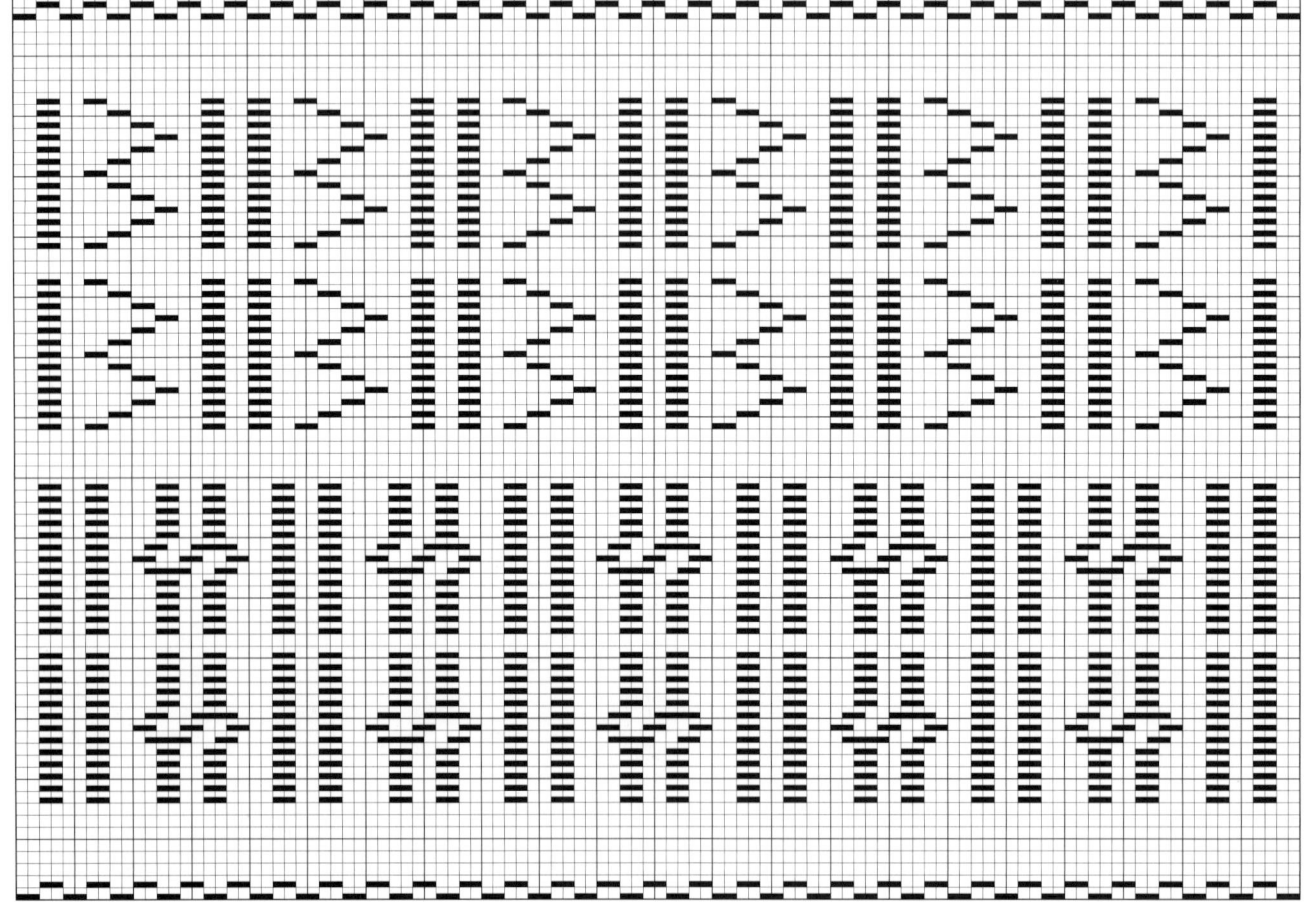

147 竹の節・上　148 竹の節・下

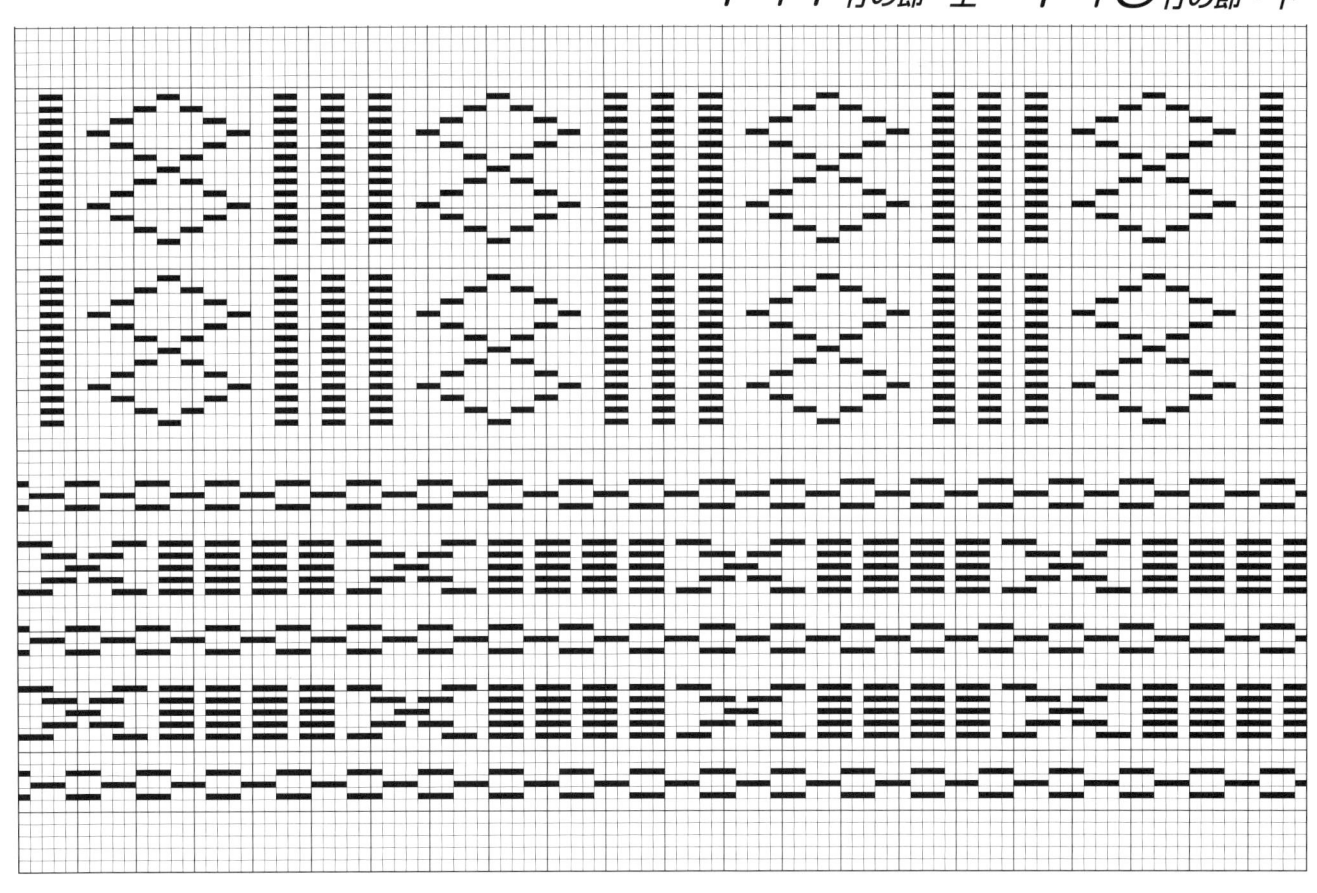

149 竹の節・上　150 竹の節・中　151 竹の節・下

152 竹の節の応用・左　153 竹の節の応用・中　154 竹の節の応用・右

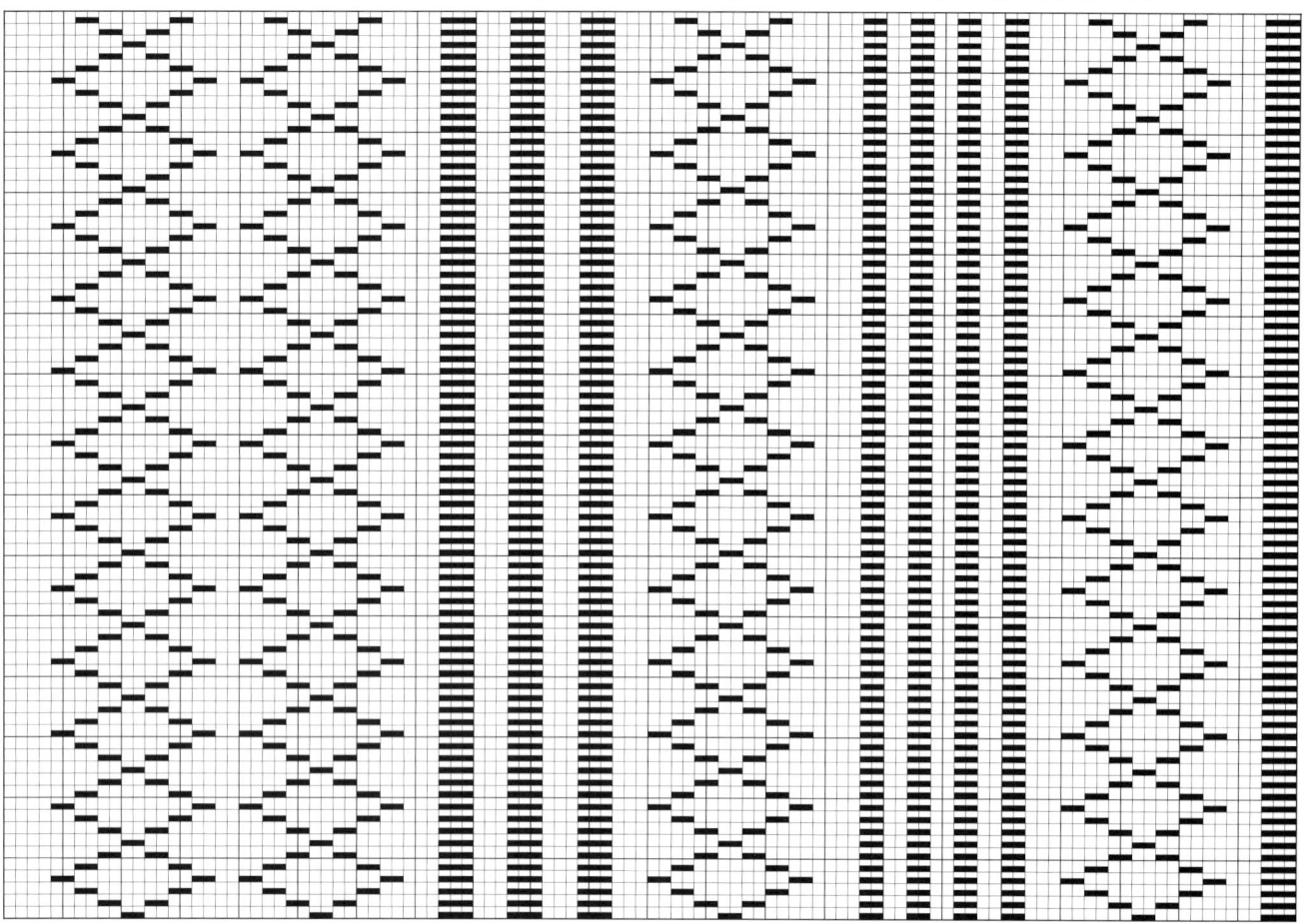

155

156

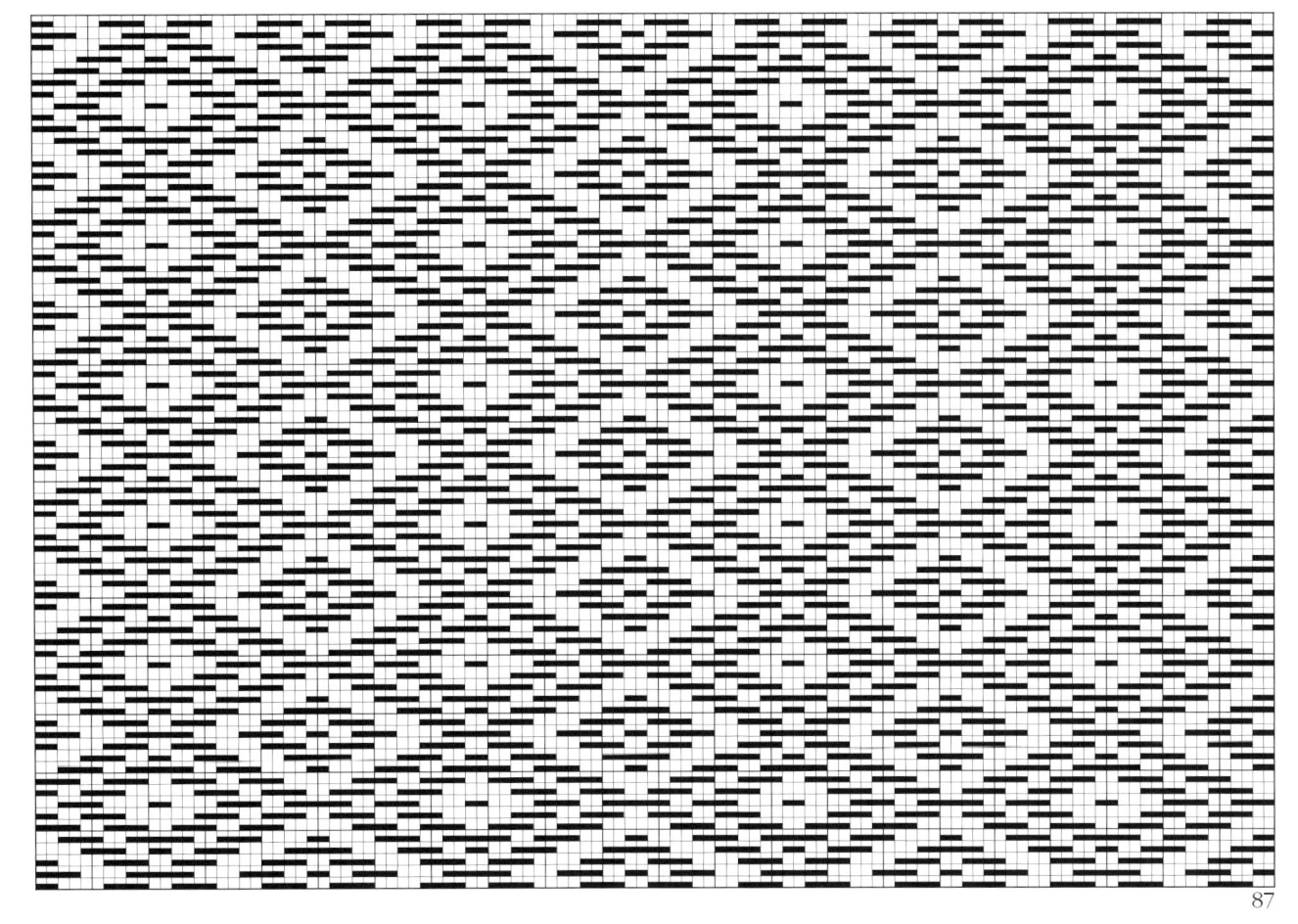

157

158土　159左下　160下中　161右下

162
163
164
165

高木裕子（たかぎ ひろこ）

1967年	こぎん刺しに出会い、独学で刺し始める
1987年	こぎん刺しグループ木曜会創立
1989年	横浜みつい画廊にてグループ展を皮切りに、毎年作品展を開催
1991年	銀座八木画廊にてグループ展、ザルツブルグに於けるNHK文化センター主催日本文化祭参加
1992年	プラハに於けるNHK文化センター主催日本文化祭参加
1993年	銀座八木画廊にてグループ展
1994年	銀座メルサにてグループ展
1995年	カンヌに於けるエールフランス主催日本文化祭参加
1996年	ブダペストに於けるNHK文化センター主催日本文化祭参加
1998年	銀座八木画廊にてグループ展
2002年	東京都美術館にてJIAC国際美術展に出展、ビッグアーティスト賞受賞、以後会員として毎年参加
2005年	フランス・ボルドーに於けるNHK文化センター主催日本文化祭参加
2006年	オーストリア・グラーツに於けるNHK文化センター主催日本文化祭参加
2007年	スイス・ローザンヌに於けるNHK文化センター主催日本文化祭参加
2008年	スペイン・マドリードに於けるNHK文化センター主催日本文化祭参加
2009年	銀座松島ギャラリーにてJIAC国際美術展に出展
現　在	こぎん刺し木曜会主宰、こぎん刺し普及会代表 JIAC副理事、日仏美術作家交流展実行委員長 NHK文化センター講師（人形町、町田、柏、横浜、静岡、名古屋） 神戸新聞文化センター講師（三宮、姫路） 読売日本テレビ文化センター講師（大森）

制作協力（五十音順）

荒井　曙美　　伊井　充子　　伊東　陽子　　岡田紀美子　　木村　君恵　　栗原　道子
桑畑テイ子　　柴山　瑞枝　　鈴木里恵子　　鈴木　和江　　中村　信江　　萩原喜巳枝
羽田　州子　　藤田美智江　　藤田れい子　　藤本　清香　　室井　昭子　　渡辺惠美子

伝統のこぎん刺し
こぎん刺し図案集165パターン

著　者	高木裕子（たかぎ ひろこ）
発行者	田波清治
発行所	株式会社　マコー社 〒113-0033 東京都文京区本郷4-13-7 TEL03-3813-8331　FAX03-3813-8333 郵便振替／東京 00190-9-78826
印刷所	大日本印刷株式会社
撮　影	タジマスタジオ（田島　昭）
編　集	菊地小夜子　田波美保
製　図	富士製版印刷（株）

© Hiroko Takagi 2009
Printed in Japan

2023年1月15日　4版発行

定価はカバーに表示してあります。落丁・乱丁その他不良の品は弊社でお取り替えいたします。
ISBN978-4-8377-0309-9